山登りABC

単独行のTIPS 100

ワンダーフォーゲル編集部

山と溪谷社

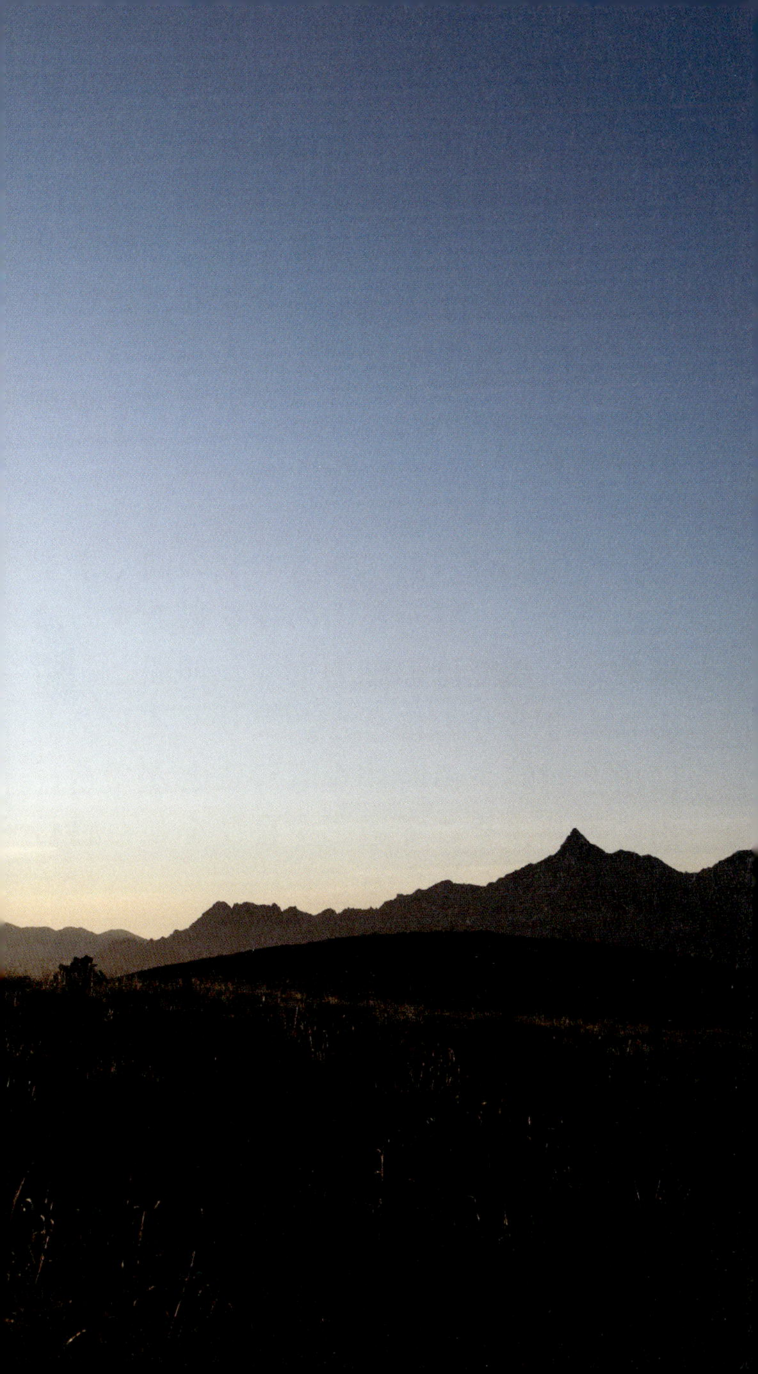

「単独登山はやめましょう」という注意喚起の看板を見たことはありませんか？単独登山は遭難時のリスクが高く、山岳地域の警察などでは自粛するよう呼び掛けていることが少なくありません。しかし、それでも単独行をする人が多いのは、それだけ魅力にあふれた登山スタイルだからです。

自分の体に合ったペースで気の向くままに山を歩き、静かな山の夜を過ごすのは単独行ならではの魅力です。仲間と一緒よりもひとりのほうが、よりダイレクトに山と対峙する時間をもつことができ、山に登り、そこで過ごす喜びを強く感じることができるものです。

しかし、すべての行程を独力でこなさなくてはならない単独行は、グループ登山よりも難易度も危険度も高い登山スタイルです。挑戦するには、一定の体力と、登山技術をしっかりと身につけていることが不可欠です。こうした体力や技術を培うには経験者と登ることが非常に有効ですが、それが難しい単独行者も多いはずです。

本書では、そうした経験者との登山の機会に恵まれない単独行者のヒントになるように、単独登山で役立つTIPSを100集めました。山のプロが実践しているちょっとした登山のアイデアや工夫を自分の登山に取り込んで、もっと山を楽しみましょう。

ワンダーフォーゲル編集部

Contents
目次

深い山をひとりで歩くと、

自然の大きさを肌で感じることができる。

喜びもリスクも、受け止めるのは自分ひとり。

単独行だからこそ、感じ取れる確かな手ごたえがある。

1 単独行とは

About Solo Trekking

**登山の原則は自己責任。
単独行では、その徹底が求められます。
ひとりで山に行く前に、
単独行のメリットや危険性について
ゆっくり考えてみましょう。**

なぜ単独行なのか

あなたはどのタイプ？

単独行には、グループ登山にはない喜びがあります。しかし、ひとりで登山する人すべてが単独行を愛好しているかというと、そういうわけでもなさそうです。ひとりで山歩きをしようと思ったとき、自分がどうして単独で登ろうとしているのか、その理由を考えてみましょう。単独行の動機をはっきり意識することで、自分の登山を深め、より充実させることができるはずです。

「仲間がいないから」受動型単独行者

一緒に行く仲間がいないからひとりで登る、という人がこのタイプ。本当は仲間とにぎやかに登りたいと考えている人も多いでしょう。もちろん山仲間を見つけたいけれど、仕事の関係で平日しか休めず、誰かとスケジュールを合わせるのが難しいなど、どうしても単独行にならざるを得ないケースが多いようです。

「ひとりが好都合だから」能動型単独行者

能動的に「ひとりのほうがメリットが多い」と考えている人がこのタイプ。目的の山や山行計画を自由に決められる、思い立ったらすぐに行ける、マイペースで歩けるなど、ひとりならではの気軽さ、気楽さを感じている人や、写真撮影や自然観察、スケッチといった趣味を登山中にじっくり楽しんでいる人がこのタイプに多いようです。

「ひとりが好きだから」愛好型単独行者

単独登山そのものに喜びを見いだしている人がこのタイプ。グループでの登山はややもすると山仲間に気をとられて、山そのものを充分に楽しむことができないこともありますが、単独行を愛好する人は、ひとりで山に入ることで、山そのものをよりダイレクトに強く感じたいと考えている人が多いようです。

ここでは3タイプに分類してみましたが、これらの要因が組み合わさっているケースも多いものです。せっかくひとりで山に登ろうと思ったのなら、単独行の楽しみや魅力を存分に味わいましょう。

TIPS 1 「仲間がいないから」受動型単独行者 →単独行の楽しみを見つける

ここはひとつ考えを変えて、単独ならではの楽しみを見つけてはいかがでしょうか。山岳写真やスケッチに挑戦してみるとか、高山植物や鳥、蝶といった動植物に目を向けてみると、その豊穣な自然の世界に触れることができます。また、そうした登山を続けていくうちに、単独行そのもののよさに気づくことでしょう。

単独ならマイペースで撮影を楽しめる

TIPS 2 「ひとりが好都合だから」能動型単独行者 →単独行のリスクに備える

すでにひとりで山を楽しんでいる人は、単独行に伴うリスクに目を向けましょう。単独登山は緊急事態に陥ったときに独力で対応しなくてはならないため、危機管理はグループ登山よりもシビアに行なう必要があります。そのためには安全登山講座や、レスキュー法講座を受講するなど、普段から学習を続けることが大切です。

普段から講習会などで救急法を習得しておこう

TIPS 3 「ひとりが好きだから」愛好型単独行者 →登山技術を磨く

こうした人は単独での登山を追求することが多いので、登山者が少ない山域に出かけたり、雪山や沢登りといった、より危険度の高い登山に挑戦したりすることもあるでしょう。しっかりと経験を積み、山岳団体や山岳ガイドによる技術講習会などで確実な登山技術を習得して、着実に登山の実力をアップさせていくことが大切です。

単独行では地図読みなどの登山技術が不可欠

単独行者の資格とは

必要な能力を身につける

単独登山は決して難しいものではありませんが、ひとりで山に登るからには、必ず身につけておかなければならないことがいくつかあります。山登りに必要な能力はさまざまですが、誰も頼れない単独行では、必要な能力をバランスよく身につけることが大切です。

体力

まず不可欠なのは、余裕をもって計画どおりのコースを歩き通せる体力です。すでにグループで登山をしている人なら、単独でも同等の山に登るだけの基礎的な体力は身につけていると考えられますが、単独の場合は体力にゆとりを残した状態で登山の行程を歩ききることが大切です。なぜなら、天候の急変や体調の悪化、ケガといった想定外の事態に際して、頼れる人はいないからです。雷雨を避けるために歩くペースを早めたり、体調不良やケガをしていても救助を要請できる山小屋まで歩き続けたりするためには、常に体力にゆとりがある状態で登山を行なう必要があるのです。

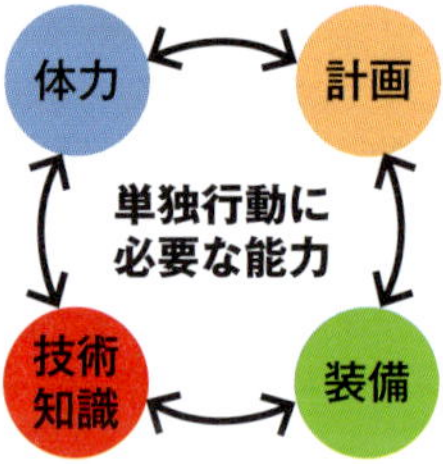

技術・知識

グループなら技術的な不足を別の人にカバーしてもらうことができますが、ひとりで山を歩くときは、他人を頼ることはできません。登山道を確実に歩く歩行技術や、宿泊・食事等に関する生活技術、現在地の把握や方向の確認に不可欠な山岳地形の知識や地図読みの技術、状況判断に欠かせない気象の知識などを身につけていることが必要です。とはいえ、技術は経験を積んで初めて身につくものです。まずは広く浅く、さまざまな知識を得るようにしましょう。

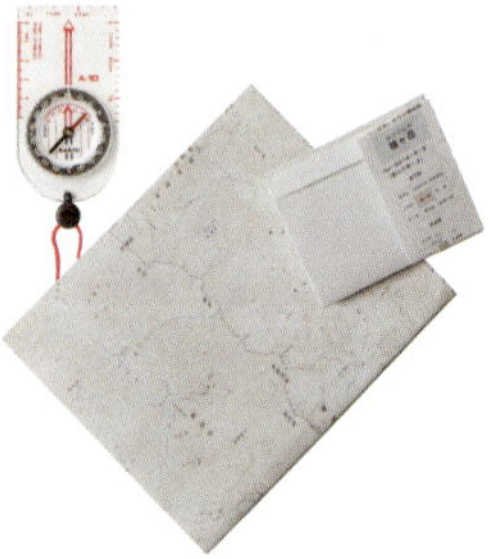

装備

体力や技術などを生かすために必要なのが装備。体力がある人でも、登山靴やウェアは欠かせません。また、高いナビゲーション能力をもったベテランでも、地図なしに能力を発揮することはできません。グループなら手分けして持つような装備もすべてひとりで持たなければならないので、グループ登山とは異なる工夫が必要なこともあります。

ひとりですべてを持たなければならない

計画

登山計画がなければ、登山を成功させることは難しいものです。山の気象や難易度、アクセスやコース状況などを調べ、行動予定や装備計画などを考えることで初めて、その山に登るための方法が明確になるのです。これを書面にしたものが登山計画書です。また、単独行の場合は、遭難した際に行き先や行程をたどることが難しいので、計画書を作成し、登山届として提出することが非常に重要です。

単独行では綿密な計画作りを

TIPS 4 体力アップは日常のトレーニングで

体力を向上させるためには、コンスタントな運動が不可欠です。つまり、毎日のように山に登る山岳ガイドならともかく、月に1、2回の登山で体力をアップさせることはできません。普段の生活にうまくトレーニングを取り入れ、計画的に体力アップをめざしましょう。半年もあればはっきりと実感できるほど体力が向上するはずです。(関連ページ：P116〜125)

TIPS 5 体力や技術を実力に変えるのは「経験」

体力をつけ、技術や知識を学んだだけでは、登山の実力はつきません。実力をアップさせるためには、実際の登山でさまざまな状況を経験し、そうしたシチュエーションでどう行動すべきか、状況の把握と判断ができるようになる必要があるのです。こうした登山経験は実際に山に登ることでしか得ることができないものです。

単独行のデメリット

楽しいだけではない単独行

魅力ある単独行ですが、デメリットもいろいろあります。単独行を続けるうちに気付くものもあれば、深刻な事態に陥って初めて気付く単独行ならではのリスクもあるでしょう。しかし、できるかぎり単独登山のデメリットを把握して、それを軽減する工夫をしたいものです。

遭難時のリスクが高い

仲間に頼ることができない単独行では、緊急時の判断や対応もすべて自分ひとりで行なわなくてはなりません。道に迷ったとき、状況を把握し、判断をするのも、脱出するのも自分ひとりです。事故や体調不良で行動できなくなってしまっても、仲間に応急処置をしてもらうこともできませんし、近くの山小屋まで救助要請に行ってもらう、ということも不可能です。グループでの登山に比べて、単独行者の遭難は行方不明や死亡など、深刻な結果を招きやすいことは過去の遭難事例などを見ても明らかです。登山の難易度にかかわらず、単独行は、こうした遭難に関するリスクが高いことを知っておきましょう。山岳保険への加入、慎重な登山計画作り、登山届の提出、日ごろのトレーニングなど、単独行では安全対策を徹底することが欠かせません。

登山費用がかさむ

単独行の場合、グループに比べて登山費用がかさむ傾向にあります。仲間と一緒なら人数割りで折半できる交通費（マイカー利用での高速料金や燃料代、駅から登山口までのタクシー代など）はすべてひとりで負担しなくてはならないため、グループ登山の数倍の費用が必要になることもあります。また、装備についても山岳会などの会員ならテントや調理器具、ロープといった会共有の備品を利用できるのに対して、単独ではすべて自前でそろえる必要があります。山の魅力にどっぷりとつかり、山行回数が多くなると、こうした経済的負担が重くのしかかってくるものです。登山に関する出費は必要経費と考えて割り切ることも必要ですが、次の山行に必要な予算を捻出できるよう、無駄な出費を減らして山を楽しむ工夫をすることも大切です。

単独登山には限界がある

山歩きなら単独でも充分挑戦できますが、雪山登山や岩登り、沢登りといった、よりリスクの高い登山に挑戦しようとすると、単独はかなり不利になります。こうした登山では深雪のラッセルやロープを使った確保など、より高度な技術や体力、安全確保策が必要ですが、単独登山では自分の体力だけで深雪をかき分け、ロープなし、あるいは著しく時間のかかる自己確保法で滝や岩壁に挑まなくてはなりません。単独の場合はグループ登山よりも限界が低いことを認識しておく必要があります。

TIPS 6 単独行は寂しい？

単独行は好きでも、山小屋でにぎやかなグループと泊まり合わせたりすると、ひとりの寂しさが身にしみるときもあります。しかし、そうしたデメリットは簡単にメリットに転換できます。実は、単独行のほうがほかの登山者と交流しやすいのです。グループだとどうしても仲間同士で固まってしまいがちですが、同行者がいない単独行なら積極的にほかの登山者に話しかけて、山好き同士で会話を楽しむこともできます。それこそが単独行のメリットだと感じる人もいるくらいです。まずは「どちらから入山されたんですか？」と話しかけて、会話の糸口をつくってみましょう。

食事や談話室は会話のチャンス

TIPS 7 女性の単独行

単独行は女性でももちろん可能です。しかし、女性ならではの悩みもあるようです。女性の多くが経験している「つきまとい」。女性は親切にされることも多いのですが、行き会った見知らぬ登山者（もちろん男性が多い）がしつこくついてくるとか、山小屋で泊まり合わせた人につきまとわれた、といった体験をもつ女性は少なくありません。こうした事態を避ける方法は、「ひとりで歩きたいことを遠まわしに伝える」「迷惑であることをきっぱりと言う」「ほかの女性登山者やグループに話しかけ、その輪の中に入れてもらって回避する」などさまざまですが、あまり強硬に対応すると余計トラブルになりやすいので、慎重に対応しましょう。いずれにしても、女性ひとりでの登山に不安があれば、登山者の少ない山域は避けることが賢明です。

単独行の女性も増えている

Column

単独行に向かない人

ひとりで山を歩く人は多いが、単独行に向く人、向かない人というものがあるようです。向かない人が単独行をするのがいけない、というのではありませんが、「自分が当てはまるな」と思ったら、慎重に登山するよう心がけましょう。

他人任せな人

何かにつけ他人を当てにする人は、「すべて自分だけでこなす」という単独行の最低条件をクリアできていません。職場や家庭は他の人との共同作業・共同生活なので、「誰かがやっておいてくれるだろう」と常に考えがちな人もいると思いますが、その思考そのものを変える必要があるでしょう。単独登山をきっかけに、他人任せな行動パターンを変えてみてはいかがでしょうか。仕事などにもよい影響が表われるかもしれません。

確認を怠る人

事前の下調べに始まり、交通アクセスの確認や装備のチェック、行動中の地図読みなど、登山前後や登山中は情報収集、つまり確認作業をひんぱんに行ないますが、こうした確認は登山の危険を回避し、無事に下山するために欠かせないものです。「ま、いいか」と確認作業を省いてしまう人は、さまざまなリスクに気付かずに登山を続けてしまう可能性があります。

注意力散漫な人

山の気象や登山道の状況など、周囲の情報を敏感に読み取って推測や判断をすることが大切です。山仲間がいれば、各人が気付いた点を総合して状況を把握することも可能ですが、単独の場合はそれをすべてひとりで行なうことになるので、注意力や観察力など「敏感さ」を発揮する必要があります。行動中にぼんやりと物思いにふけったりしがちな人は、歩いているときも休憩中も、周囲の状況に絶えず目を配る習慣をつけたいものです。

単独行を実践するには、すべてを自分の能力と責任で行なうという強い意志が必要だ

2 山行計画

Planning for Solo Trekking

登山において、事前の下調べと
計画作りはとても重要。
特に単独行では、登頂を成功させ、
無事に下山するためには、
綿密な参考計画が不可欠です。
山をイメージし、楽しみながら
計画を作る方法を紹介します。

単独行のプランニング術

登山の一歩は計画から始まる

登山に行くと決めたら、まずは計画を立てることからすべてが始まります。最初に、どんな山に登るかを決めましょう。体力があれば重い荷物も、長時間の歩きもさして問題なく、すぐにアルプスなど憧れの山に挑戦してみたいと思うかもしれません。しかし山は体力とともに知識や技術を含めた総合力が試されるところです。焦らず「自分のレベルに合った山」から登り始めましょう。グループ登山での経験があった場合でも、単独行に慣れていないなら、少しレベルを落としたコースから始めると、無理なく単独登山に慣れることができます。こうした無理のない山行を重ねることで着実にステップアップし、長期的に憧れの山をめざしましょう。

まずは低山を歩いて経験を積んでいこう。低山といえども迷いやすい作業道などが多い。

アルプスなど高い山を歩いてみよう。山小屋も多いので経験に合ったコースが選べる。

山でのテント泊縦走。長期縦走を実現するには、目標を明確にもってステップアップ。

TIPS 8 まずは8時間コースを問題なく歩けるように

まずは登下山口を同じ場所にし、日帰りで山頂往復できる所へ行きましょう。最初は森林限界を越えない標高で、鎖場やハシゴがなく歩きやすい山がいいでしょう。次は登山口と下山口を変える一筆書きのコース。8時間くらいのコースを問題なく歩けるようになるまで、繰り返し経験を積みます。すると、自分がどのくらいのペースで歩けて、どんなコースなら踏破できるかといったことも見えてきます。

縦走登山
いくつものピークを結んで歩く縦走登山は、行程が長くなることが多いので、時間と体力が必要。

往復登山
事故は下山時に多い。登った道を下る往復登山では、一度歩いた道をたどるため、リスクが少ない。

TIPS 9 最初は登山者が多いコースを選ぶ

初心者向けガイドブックに載っているような人気のある山はアクセスもよく、登山者も多くにぎわっています。もっと静かな山へ行きたいなと思ってしまうところですが、いきなり人が少ない山へひとりで行くよりは、まず登山者が多いルートを選んで歩いて経験を積んだほうが賢明です。こうした山は道標や案内板も整備されています。人が少ない山は道標が少なかったり、登山道がわかりにくいことも多いものです。万一ケガでもして行動不能になっても、誰にも気付かれないことも考えられます。最初のうちは登山者の多い山がおすすめです。

左:人気のコース白馬三山縦走の起点となる猿倉。軽アイゼンのレンタルや雪渓の情報はここで入手できる。右:甲斐駒ヶ岳、仙丈ヶ岳は起点となる北沢峠までバスがあり、アクセスがよいので人気。

TIPS 10 下山は早めに設定する

単独行では、下山時間を通常より早めに設定しておきます。人より早い時間帯に行動することで、不慮のケガなどで行動不能になったとき、後続の登山者に救助を要請してもらえる可能性が高くなるからです。最後のひとりになってしまうと、万一のときに発見してもらうことができず、そのまま行方不明……ということになりかねません。

山の日暮れは早い。最後のひとりにならないように。

現地の情報を調べる

最新の情報収集に努める

初めて行く山域では、標高や地形、気象など、まずは全体の概要を知ることが大切です。登山地図は全体概要の把握に向いています。山域の位置関係、広域の地勢を把握するのに便利で山域の大枠をつかむことができます。ガイドブックはコースの難易度や動植物、歴史など、より詳細な情報を得られます。登山地図で山の全体像をとらえ、ガイドブックで山の性格を把握して山の全容を理解しましょう。ただし地図やガイドブックの情報は必ずしも最新とはいえません。登山道が崩れていることもあります。出版物を参考にするときは、必ず発行年を確認し、最新情報も集めましょう。

適期やグレード(体力、技術、危険度)などはガイドブックで

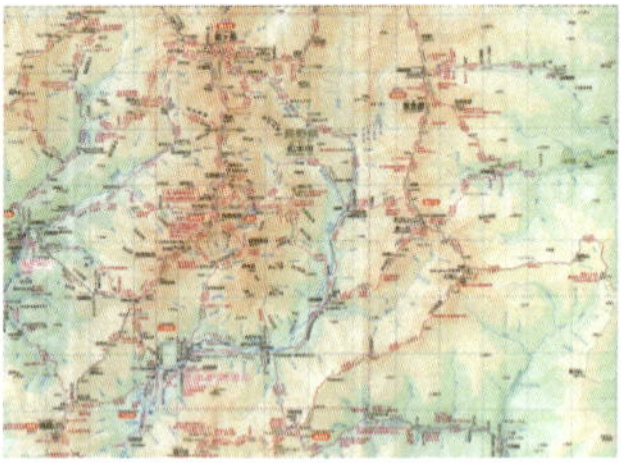
コースタイムやコース上の注意点などが地図上に記されている。コース全体の把握ができる。(昭文社　山と高原地図37「槍ヶ岳・穂高岳上高地」2013年版)

地図やガイドブックの記載情報に加えて必ず最新の情報を得ましょう。まずは現地に問い合わせをし、情報を収集します。情報の少ない山域は地元の山岳会に尋ねてみるのも手です。また、山小屋がある場合は電話で現状を聞いてみましょう。山の情報はもちろん、山小屋の混み具合もプランニングの参考になります。山小屋に電話するときは、清掃などが一段落する正午すぎから、夕飯準備に入る前(16時ごろ)までにかけるとよいでしょう。

山小屋によってはメールでのお問い合わせフォームなどを備えていることもあるが、時間を見計らって電話したほうが早い。

TIPS 11 メジャーな山は山麓の案内所に聞く

山域が国立公園や国定公園に指定されているような人気エリアは、たいてい麓にビジターセンターや案内所があります。登山道の状態はもちろんのこと、花は咲き始めているか、残雪の具合はどうかなど、刻々と変わる情報はビジターセンターに問い合わせてみると最新情報が得られます。特に台風通過後などの災害の直後は登山コースに変化が起きていることがあるので、問い合わせてみるといいでしょう。

ビジターセンターがある登山口は大型バスも乗り入れ、多くの登山客でにぎわっている

TIPS 12 最新情報はウェブを活用する

インターネットで山の名前やルートなどを検索してみると、個人の山行記録が見つかる場合があります。写真つきで紹介されているなど、とても参考になり、直近の道の状態なども把握できます。特に初冬や残雪期などは雪の状態が把握できるので装備計画作りに役立ちます。ただし、個人の山行記録は主観的に書かれていることも多いので、その点を考慮しましょう。ガイドブックには載っていないマイナーなルートの紹介もあるので興味が広がります。

登山情報サイト「ヤマケイオンライン」

地図を読む

ミクロとマクロで確認する

5万分の1や30万分の1など、俯瞰した地勢がわかる地図で山域の位置関係を把握しましょう。周囲にどのような山があるかを大きな視点で見ます。さらに、登山地図には路線バスの有無や本数、標準コースタイムなど登山を計画するための情報が記載されています。また、実際に歩くルートの地形（等高線の詳細）を見るには、国土地理院の2万5000分の1地形図を。マクロな視点で位置関係、ミクロな視点で地形の詳細を把握してイメージを膨らませるといいでしょう。

左のカラフルなものが登山地図、右のシンプルなものが地形図。両方を使いこなそう

TIPS 13 地形図はネットから入手できる

国土地理院の地形図の画像データをインターネット経由で購入するシステムが電子地形図25000。購入する範囲、画像の保存形式（PDF、JPEG等）、地図の色、陰影の有無、道の表示色など自分でカスタマイズします。価格はA3サイズ170円からA0サイズ（680円）まであります。最新の地形図が自宅のパソコンで入手できるのは便利です。

地域を検索して色やサイズなど指定するだけ

TIPS 14 地図は信用し過ぎない

地図には載っていない建物や小径が実際にはあったり、あるはずのものがなかったり。往々にしてそのようなことが起こります。建物や道はできたりなくなったりと変化しやすいので、尾根や谷などの地形で判断するといいでしょう。地図は人の手によって更新されますが、時にそのスピードに追いつかないこともありますので、人工物の相違にとらわれ過ぎないようにしましょう。

TIPS 15 前日に10分予習、山行当日はチェックポイントごとに

地図読みは山行前から始めます。山行の前日の夜に10～15分程度、登山地図をじっくり見ましょう。まず、歩くルートやその周辺をよく見て、どこまで舗装道路か、登山道中にわかりやすい人工物はあるかなどを確認。山中で目立つ人工物は場所を確認するための目印となります。さらに地名をチェックしてみましょう。「○○の頭」「○○峰」という名称はピーク、「大ダワ」「○○クビレ」などはコル（ピークとピークの間、最も低い場所）を指すことが多いです。地名から地形を想像できる所があります。次に登山口の標高をチェックし、山頂との標高差を割り出して標高差とそこのコースタイムをセットで頭に入れておきます。たとえば「標高差830mでコースタイムは3時間30分」、実際に歩いたときの印象と比較してみます。さらに等高線の混み具合もチェックして歩くルートの「地形」をイメージしてみましょう。斜度がきつい、なだらか、など。山行当日は、自分がイメージした地形が現実にどうなっているかを確認しながら行動するようにすると次回に役立ちます。（ノンフィクションライター／平塚晶人さん）

『昭文社　山と高原地図
16.谷川岳 苗場山・武尊山
2013より』

装備計画を決める

季節と行き先、行程から割り出す

行く山域が決まったら、必要な基本装備を考えましょう。防寒着を含むウェア類は気温・気候・季節を考慮します。ザックは日帰りか縦走かといった行程の長さによって容量が変わってきます。登山靴も背負うザックの重さや行く山域の地形に合わせて変える必要があるでしょう。基本装備は、およそ20～30ℓの容量のザックにおさまる量となります。防寒着などは山や季節で変わりますが、レインウェアやヘッドランプ、時計などは、どの山に登る場合でも必要になるものです。

ソロとパーティの違い

仲間と山に行く場合は装備を分担することができますが、単独行で登山に臨むのであれば、すべて自分で装備を担ぐことになります。テント泊で考えると、テントやクッカー、ストーブ、ラジオといったものはパーティで共有でき、仲間で手分けして持つことができます。つまり、1人当たりの荷重を分担できる利点があります。しかし、ほかの人に託す以上、自分の努力だけで忘れ物などを防ぐことは難しいものです。その点、単独は分担こそできないものの、自分ですべてを把握することが可能です。

装備	ソロ	パーティ
レインウェア	◎	◎
ザック	◎	◎
ウェア類	◎	◎
靴	◎	◎
水筒	◎	◎
ヘッドランプ	◎	◎
防寒着	◎	◎
時計(高度計)	◎	◎
地図・コンパス	◎	◎
ナイフ	◎	◎
救急キット	◎	共用できる
テント泊装備	◎	共用できる
クッカー	◎	共用できる
ストーブ	◎	共用できる
ラジオ	◎	共用できる

季節や行程を考慮して装備を決めよう。パーティなら分担できるものも、単独はすべて自分で担ぐ

TIPS 16 迷ったら持っていってみる

この装備を持っていくべきか否か…。経験豊富な登山者でも迷うことがあります。そのときは迷ったら持っていってみる、です。「やっぱり持ってくればよかった…」と山中で困るより、きっといいはずです。経験を積めば、装備の取捨選択の精度は上がっていくでしょう。

TIPS 17 自分の全装備をリスト化しておく

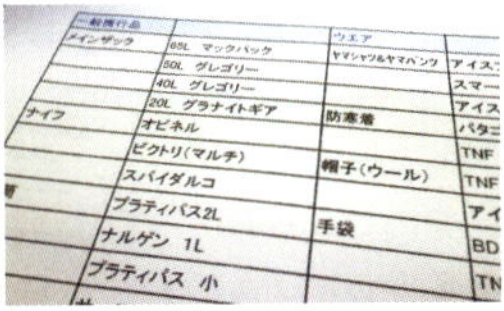

装備が増えるとすべてを把握しづらくなるもの。リスト化しておくと忘れ物のチェックにもなって◎。準備も早くなる。

山に行く回数が増えると、なぜか装備もどんどん増えていきます。ウェア、ザック、ストーブなどなど、最初は1つだったものも、装備を研究していくとバリエーションが豊富になります。所持している装備はもちろんすべて把握できているはずですが、いざ準備や計画の際に頭の中で手持ちの装備をたどったり、全装備を広げたりしていては時間がかかります。そこで全装備を種類別にリスト化しておき、山行に合ったものをその都度選んでいくようにします。そうすると出番の少ないものが把握できたり、持ち物チェックにもなり一石二鳥です。

TIPS 18 必携の基本装備以外は自分次第

山の楽しみは人それぞれ。カメラを担いで朝焼けの瞬間を狙うのも山ならでは。重くても何を持つかは自分次第だ。

単独行の装備を考える上で「無駄をなくす」とか「軽量に努める」といったキーワードをよく耳にします。何が無駄なのかは人によって違いがありますが、登山の基本装備のほかに、一見無駄と思えるものでも、自分の好きなものを持っていくと、より山を楽しめるものです。読書が好きな人は本、豪華な食事にしたい人は多めの食材など。ひとりで自由にプランニングできるからこそ、単独行は楽しいのです。ただしそのぶんザックは重くなるので、そこは自己責任で。

食料計画を作る

登山に必要な栄養とは

山では、コースや歩行時間、荷の重さにもよりますが、必要なエネルギーは普段の生活のおよそ2倍。30代の男性の1日に必要なカロリーは2000kcalほど、登山となれば、1日で約4000kcalが消費されることもあります。このエネルギーを補給することが、「山で食べる」ことの目的です。行動中のエネルギーになる主たる栄養素は糖質です。登山中は糖質を中心に、5大栄養素（糖質、脂質、タンパク質、ビタミン、ミネラル）をバランスよく摂取しましょう。

登山日数や宿泊方法から食料計画を決める

登山だからといって、特別なメニューを考える必要はありません。日常生活と同様、バランスのとれた食事が登山においても理想です。具体的に何を食べるかは、日数や宿泊方法に合わせて決めます。日帰りなら弁当と行動食の組み合わせでOK。宿泊を伴う登山では、食事を山小屋でとるか、テント泊（または素泊まり）で自炊するかで、食料計画は大きく異なります。山小屋泊なら夕・朝に加えて弁当も用意してもらえますが、自炊はメニューを考え、より綿密な食料計画を作る必要があります（P96参照）。

上:日帰りならお弁当でOKだ
下:山小屋の食事は下界と変わらない

TIPS 19 食事は3食＋行動食が基本

登山における食事は、朝・昼・晩の3食と行動食の組み合わせが基本です。登山中は普段の生活よりも多くのエネルギーが必要ですが、3度の食事の量を増やして必要カロリーをすべて摂取するのは困難です。不足分は行動食で補いましょう（P72参照）。

3度の食事で補えないエネルギーは行動食でとろう

TIPS 20 食料計画は栄養・重量・保存性がカギ

　自炊の食料計画は、必要な栄養を含むメニューを考えることから始まります。しかし、山では食材の重量と保存性（日持ち）も重要なポイントです。アルファ化米やフリーズドライ食品、乾物などが登山でよく利用されるのは、軽くて保存性が高いからです。しかし、それだけでは栄養のバランスが崩れやすいものです。少々重くなりますが、真空パックや缶詰の肉・魚類などをプラスすれば、タンパク質などを補うことができます。

山でも栄養バランスのよい食事が理想的だ

TIPS 21 予備食と非常食の役割を理解する

　食料計画では下山日が遅れたときや遭難したときの備えも考えておきます。日程が延びたときのための予備食は簡単な調理（湯を沸かすなど）で食べられるもの、緊急時に食べる非常食は調理が不要なもので、両方とも日持ちがする食品を選びます。予定どおりに下山できれば、いずれも手をつけずに下山します。

日持ちのする食材を選んでいこう。たやすく食べられることがポイントだ。

TIPS 22 生野菜を持っていく

　フリーズドライ食品にプラスして、僕は少しでも野菜を持つようにしています。どうしても山で新鮮な野菜を食べたくなるので。長ねぎが基本で、そこにニンニクの芽やインゲン、エノキ、ごぼうなど、皮をむかずに食べられる“細長いもの”だけを追加し、長さをそろえて切り、ゴムで束ねてファスナー付き袋に入れるとコンパクトになります。ザックに余裕があるときはつぶさないで持てるように、これをナルゲンのボトルに入れていきます。（ライター／高橋庄太郎さん）

ファスナー付き袋の大きさに合わせて野菜を切るのがポイント

計画書は単独行の命綱

計画書作成はなんのため?

登山計画書を作成するワケは主に2つあります。まずひとつは、パーティを構成するメンバー同士で山行に関する情報を共有するためです。伝達漏れや思い込みによるトラブルを未然に防ぎ、計画をスムーズに遂行させるには、コースや行程、エスケープルート、共同装備などを明記しておく必要があります。もうひとつの理由は、なにかアクシデントが起きたときに、迅速に対応してもらうためです。遭難者の身元、登った山、たどったコースと日程がわかっていれば、救助隊はすぐに救助活動にとりかかれるので、早期発見・救助が期待できます。逆にそれらが不明だと、確認をとるのに時間がかかって初動が遅れ、場合によっては助かるものも助からなくなってしまいます。単独行では、遭難に備える意味で登山計画書が重要です。

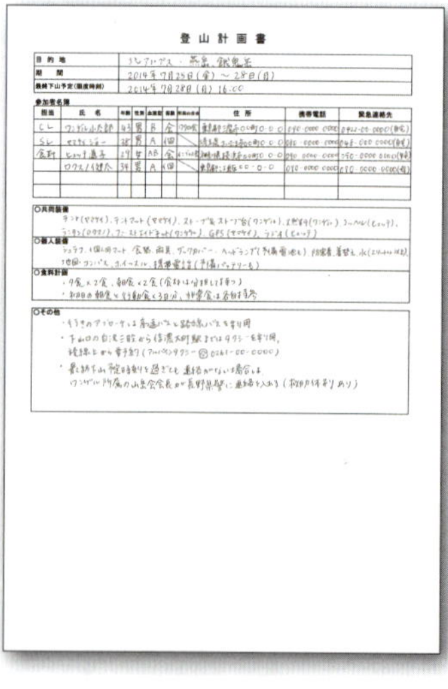

登山計画書

目的地	北アルプス・燕岳、餓鬼岳
期間	2014年7月25日(金)～28日(月)
最終下山予定(限度時刻)	2014年7月28日(月) 16:00

参加者名簿

担当	氏名	年齢	性別	血液型	保険	所属山岳会	住所	携帯電話	緊急連絡先
CL	ワンゲル小太郎	43	男	B	会	[illegible]	[illegible]	090-0000-0000	0422-00-0000(自宅)
SL	ヤマケイジロー	38	男	A	個		[illegible]	080-0000-0000	045-000-0000(自宅)
食料	ヒュッテ遭子	29	女	AB	会	[illegible]	[illegible]	090-0000-0000	090-0000-0000
	ロクスノ健太	34	男	A	個		[illegible]	070-0000-0000	090-0000-0000(母)

○共同装備
テント(ヤマケイ)、テントマット(ヤマケイ)、ストーブ&ストーブ台(ワンゲル)、燃料(ワンゲル)、コッヘル(ヒュッテ)、ランタン(ロクスノ)、ファーストエイドキット(ワンゲル)、GPS(ヤマケイ)、ラジオ(ヒュッテ)

○個人装備
シュラフ、個人用マット、食器、雨具、ザックカバー、ヘッドランプ(予備電池も)、防寒着、着替え、水(2リットル以上)、地図・コンパス、ホイッスル、携帯電話(予備バッテリーも)

○食料計画
・夕食×2食、朝食×2食(食材は分担して持つ)
・初日の朝食と行動食×3日分、非常食は各自持参

○その他
・行きのアプローチは高速バスと路線バスを利用
・下山口の白沢三股から信濃大町駅まではタクシーを利用。稜線上から要予約(アルペンタクシー ☎0261-00-0000)
・最終下山予定時刻を過ぎても連絡がない場合は、ワンゲル所属の山岳会会長が長野県警に連絡を入れる(救助体制あり)

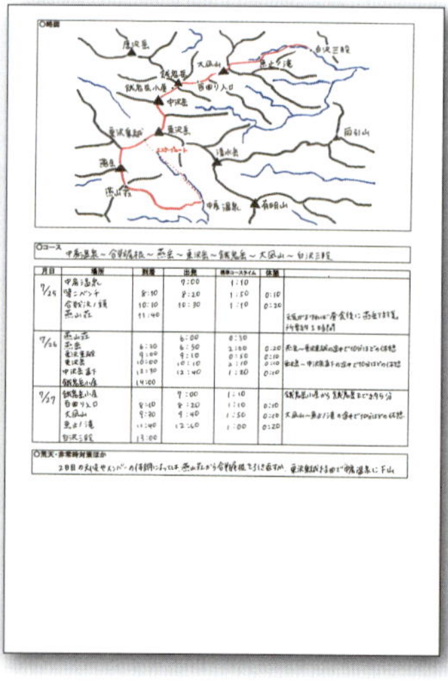

○コース
中房温泉～合戦尾根～燕岳～東沢岳～餓鬼岳～大凪山～白沢三股

月日	場所	到着	出発	標準コースタイム	休憩	
7/25	中房温泉		7:00	1:10		
	第2ベンチ	8:10	8:20	1:50	0:10	
	合戦沢ノ頭	10:10	10:30	1:10	0:20	
	燕山荘	11:40				天候がよければ昼食後に燕岳を往復。所要約1時間
7/26	燕山荘		6:00	0:30		
	燕岳	6:30	6:50	2:00	0:20	燕岳～東沢乗越の途中で10分ほどの休憩
	東沢乗越	9:00	9:10	0:50	0:10	
	東沢岳	10:00	10:10	2:10	0:10	東沢岳～中沢岳直下の途中で10分ほどの休憩
	中沢岳直下	12:30	12:40	1:20	0:10	
	餓鬼岳小屋	14:00				
7/27	餓鬼岳小屋		7:00	1:10		餓鬼岳小屋から餓鬼岳までは約5分
	百曲り入口	8:10	8:20	1:10	0:10	
	大凪山	9:30	9:40	1:50	0:10	大凪山～魚止ノ滝の途中で10分ほどの休憩
	魚止ノ滝	11:40	12:00	1:00	0:20	
	白沢三股	13:00				

○荒天・非常時対策ほか
2日目の天候やメンバーの体調によっては、燕山荘から合戦尾根を引き返すか、東沢乗越から中房温泉に下山

上は計画書の一例。山行期間、下山予定日、緊急連絡先、山岳保険加入の有無、装備の詳細、食料計画、エスケープルートなどを記載する。捜索の際にきちんと身元が分かるように氏名、血液型、性別、住所も記入しておこう。登山計画書に決まった形式はないが、使いやすいものを見つけて使うようにする。

作った計画書はどうする?

計画書を作成したら、1通は目的の山を管轄する警察署に登山届として提出します。登山口に登山ポストがあるときはそこに投函してもOK。また登山者カードの備え付けがある場合は現地で手早く書いてもいいでしょう。あとは家族にも1通渡し、自分でも1通携行します。

目的の山を管轄する警察署または県警本部に1通提出する。事前に郵送しておくか、登山口に設けられている登山届ポストに投函すればOK。

家族、職場、知人らのいずれかに1通渡しておく。もし下山予定日までに帰ってこなかったときには、計画書をもとに警察に届け出てもらう。

TIPS 23 エスケープには短時間で下れるルートを選ぶ

悪天候や仲間の体調不良などによって計画どおりに歩けない場合を想定し、コースの途中から下山または近くの山小屋に避難するための"プランB"がエスケープルートです。言ってみれば緊急避難路みたいなものなので、危険が少なく、短時間で下れる所を選びます。数日間を要する長いコースであれば、数本のエスケープルートを設定しておきましょう。

普段使用されることが少ないルートを緊急避難路として使う場合は、安全に細心の注意を払うこと。

TIPS 24 計画書はオンライン作成・提出できる

日本山岳ガイド協会が立ち上げた「コンパス」はウェブ上で登山計画書を作成でき、そのまま仲間や家族と共有できるオンラインサービスです。会員登録さえすれば無料で利用できるのでとても便利です。

オンラインで利用できる「コンパス」

アクセス手段を調べる

「大移動」と「小移動」をリサーチする

マイカーなら自宅から登山口まで直接アクセスできますが、公共交通のアクセスは、大きく分けて、「家から山域最寄り駅までの大移動」と「山域最寄り駅から登山口までの小移動」に分けられます。大移動は高速バスや新幹線、飛行機など。飛行機などは早期割引もあるので、早めに予約しましょう。小移動は路線バスやタクシーなどです。山に近づけば近づくほど、たいていは交通の便は悪くなっていきます。都会では数分に1本の電車も、地方では1時間に1本、バスの最終便が夕方4時台なんてことも。バスは時刻表を確認し、タクシーを利用する場合は事前に予約しておきましょう。小移動は、行き当たりばったりではどうにもならない場合が多いので、必ず調べておきます。バス会社やタクシー会社の電話番号を控えておくと現地で役立ちます。

高速バスは時間とお金を節約できるので便利。事前に調べて早めの予約を。麓のローカルバスは必ず時刻表を確認しておこう。下山したらバスがなかった…は悲しい。

TIPS 25 青春18きっぷでお得にのんびり旅気分

JRの普通・快速列車の普通車自由席に1日自由に乗り降りできるのが青春18きっぷ。春・夏・冬に限定発売され利用期間が決まっています。値段1万1500円（2014年3月現在）。1枚で5回（5日分）の乗車が可能。たとえば東京駅から白馬駅まで使った場合、片道5250円かかる運賃が2300円で済む計算。鈍行に揺られるのもおつなものです。

指定券を買えば乗車できる快速もある

TIPS 26 LCC利用で地方の山も射程圏内

LCC（ローコストキャリア）は、安さがウリの航空会社です。たとえば成田鹿児島間が片道1万円を切る破格の運賃。発着空港が少し遠方、預け荷物には制限あり、機内サービスは有料等々、LCC特有の条件を差し引いても充分に余りある安さといえます。乗り心地も至って普通、悪くありません。いままでなかなか行けなかった地方の名山もLCCでお得にひとっ飛びです。

鹿児島の開聞岳。はるか南のこの山もLCCなら週末にでも行けそう。LCCの代表格、ジェットスター航空。コストパフォーマンスよし

TIPS 27 登山口までが意外と迷いやすい

比較的登山者が多いメジャーなアルプスなどの山域以外は、めざす登山口まで駅から離れていたり、住宅街を抜けたり。道標もなかったりするので、意外とわかりにくいことが多いものです。入山までの大切な時間を無駄にしないよう、あらかじめ調べておき、登山口までの道順もしっかり確認しておくことが大切です。

登山口に着いてからが本当の意味での出発

気象情報をチェックする

天候によってはせっかく立てた計画も見直さなくてはなりません。山に出かける数日前から気象情報に注意しましょう。ただし、一般的な天気予報は、あくまで「街」の予報です。予報で晴れと言っていても、山は雨ということは珍しくありません。単に晴れマークを見るのではなく、さまざまな天気予報を集めて総合的に判断するようにしましょう。

TIPS 28 テレビ、ネット、情報は複数から得る

テレビで天気予報をチェックするとき、お天気キャスターの言葉を聞き逃さないようにしましょう。たとえば「関東の広い範囲で晴れますが、局地的に雷雨の恐れがあります」と言った場合、山は雷雨になることが多いです。「局地」というのは、これから出かける山だと思いましょう。インターネットはいつでも見られて情報更新が早いのが利点。気象庁や日本気象協会などのサイトの週間予報（最近は10日間予報もある）を利用するとき、天気マークと合わせて見たいのが、天気マークの下にある「信頼度」です。これはA・B・Cで表わされていて、Aは予報が当たる確率が高い、Bはやや高い、Cはやや低いことを意味しています。信頼度がCの場合はこまめにチェックしましょう。インターネットでは「山の天気予報」など、山専門の天気予想をしている有料サイトもあり便利です。スマートフォンから情報を得る場合、気象レーダー画像をチェックするとよいでしょう。レーダー画像を見ると、雨が降っている地域がリアルタイムで確認できるので、雨雲が近づいているかどうかが簡単にわかります。レーダー画像は気象庁や日本気象協会などのホームページで見られます。山中でも通話エリアであればスマートフォンでの確認が可能です。(気象予報士・防災士／岩谷忠幸さん)

下:期日が近づいたら週間予報をまめにチェックしよう　右:気象レーダー画像なら雨が降っている地域を確認できる

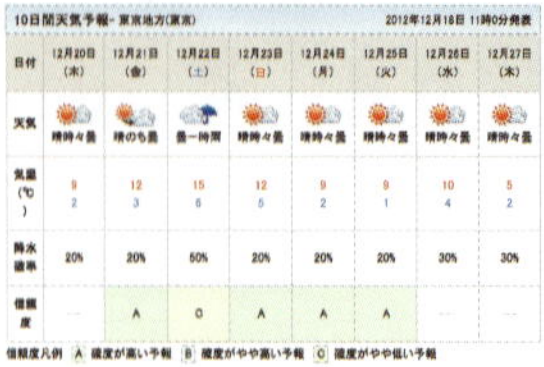

10日間天気予報- 東京地方(東京)　2012年12月18日 11時0分発表

日付	12月20日(木)	12月21日(金)	12月22日(土)	12月23日(日)	12月24日(月)	12月25日(火)	12月26日(水)	12月27日(木)
天気	晴時々曇	晴のち曇	曇一時雨	晴時々曇	晴時々曇	晴時々曇	晴時々曇	晴時々曇
気温(℃)	9 2	12 3	15 6	12 5	9 2	9 1	10 4	5 2
降水確率	20%	20%	50%	20%	20%	20%	30%	30%
信頼度	—	A	C	A	A	A	—	—

信頼度凡例　A 確度が高い予報　B 確度がやや高い予報　C 確度がやや低い予報

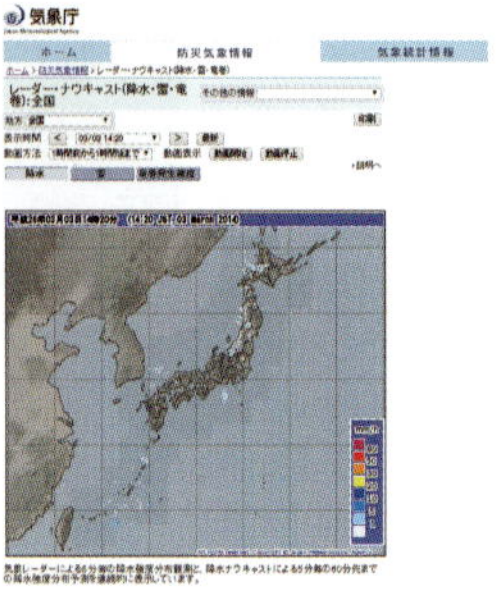

TIPS 29 雲を見れば天気がわかる

「いわし雲が出ると雨」「富士山に笠雲がかかると天気が崩れる」など、天気に関することわざや言い伝えは多くあります。たとえばいわし雲・ひつじ雲は低気圧が接近しているときによく見られるので、半日から1日で雨になることが多いものです。また、笠雲に関して実際に富士山で観測をしたところ、約70％の確率で1日以内に雨が降ったそうです。このように雲の形や動きなどから天気を予測することを「観天望気」と言います。天気予報に頼るだけでなく、自分の感覚で天気を判断することも山では重要になります。また、山ではガス（霧）が発生することも多く、霧＝雨になるとは限りません。よく稜線の片側からガスが現われることがあります。このとき、巻いて消えていくようなガスは発達することは少ないですが、真上に上っていくようなときは要注意です。自分の目で天候を察知できると役立ちます。（気象予報士・防災士／岩谷忠幸さん）

いわし雲　翌日は雨になる可能性が高い

笠雲　半日～1日で雨になる可能性が高い

ひつじ雲　半日～1日で雨になる可能性が高い

TIPS 30 今年の天気傾向を常に把握しておく

具体的な山行が決まっていなくても、その年の四季ごとの天気傾向を常に把握するようにしています。それによって、さまざまな予測ができます。たとえば暖冬で積雪深が例年より浅いなら雪渓が少ないと考えられ、降水量が少なく渇水が続くと、山岳地帯は全般的に落石が増える傾向があります。（山岳ガイド／廣田勇介さん）

シーズンごとの気温や降水量の傾向を把握しておくと、コースの状況をイメージしやすいので適切な装備計画や行動計画を立てやすくなります。具体的には気象庁のウェブサイトにある過去の気象データを参考にするとよいでしょう。エリア別に年ごと、3ヵ月ごと、月ごとのデータがあります。（編集部）

決行・中止を判断する

計画、装備、準備も万全となったら、あとは当日を待つのみです。天候と自分の健康状態を把握して、最終的に決行するかどうかの判断をしましょう。山は逃げません。不安要素があれば、見送ることも大切です。

TIPS 31 予報を参考にして山行計画の最終決定をする

直前は気象予報が正確になってくるので、それを参考にして山行の催行・不催行の決定をします。また、大キレットなどの困難なセクションを通過する際に危険なコンディション（強風、強雨）が予想されるなら、計画の変更も考えましょう。山行前夜はインターネットやテレビなどを通じて、自分の欲しい情報が不足なく手に入れられる最後のチャンスです。寝不足にならない程度にしっかり情報を集めておきましょう。（山岳ガイド／廣田勇介さん）

直前で参考になるのは、気象庁の府県天気予報です。ただし、この予報は平地向けなので、山の天気は風の向きなども考える必要があります。一般的に雲は山の風上側で発生しやすいので、そちらの予報を利用したほうが当たりやすいものです。槍ヶ岳の場合、西風なら岐阜県飛騨地方、東風や南東風なら長野県中部、北風や北東風は長野県北部をチェックするといいでしょう。直前には気象予報をくまなくチェックして、最終判断します。（編集部）

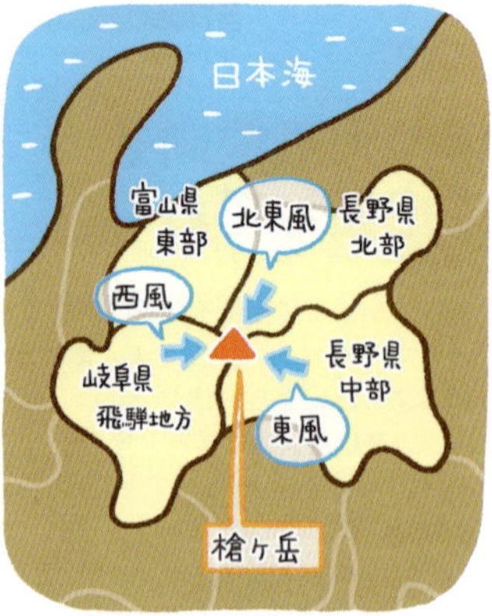

平地の気象予報でも風向きは参考になる。周辺の天気の動向に加えて風向きもチェックしよう。

TIPS 32 重要なのは雨の降り方

貴重な週末の休み、せっかく山に行こうと思ったのに天気予報は「曇り一時雨」。このようなときは行くかどうか判断に迷うものです。山では平地より雨が降ることが多いので、「雨がまったく降らない日」だけを選んでいたら、山へ行ける日がほとんどなくなってしまいます。行くか中止するかの判断で重要なのは、雨が降るかどうかではなく、どのような雨になるか、ということです。夏、山ではほとんど毎日のように夕立が降るので、これに当たるのはある程度、しょうがないことです。しかし、山の夕立は昼から午後6時ごろにかけて降ることが多いので、行動を早めに切り上げれば避けられます。また、春や秋の長雨のように、弱い雨がしとしと降るときは、登山にはそれほど大きな悪影響ありません。ただし、前線が活発化し、大雨が降る恐れがあるときは中止するべきです。また、雨量は少なくても、風が強い日は低体温症になる恐れがあるので、入山は控えましょう。台風が接近しているときに山へ出かける人はいないと思いますが、長期縦走中に台風が発生することは考えられます。日本に向かってくるようなら、なるべく早く下山しましょう。稜線では平地より1～2日早く風が強くなるなど、台風の影響を受けやすいからです。(気象予報士・防災士／岩谷忠幸さん)

雨が降っていても、状況によっては登山が可能なときもある。雨がどう降るか、天候の動向を調べて考慮し、実施・決行を決めることが大切。

TIPS 33 体調不良のときは潔く中止する

山には万全の状態で臨みたいものです。「どうも体調が優れない」と感じるときは、迷わず延期しましょう。何日も前から準備、下調べをしていると諦めがつかないものですが、ここは潔く。行ったら気分がよくなるかも…といった希望的観測は危険です。山では気温や気圧の変化などで体調を悪化させやすいものです。単独で行くからにはいつも以上に体調に気を配りましょう。

みんなのアイデア

すぐ使える、今後の参考になるアイデアが単独山行にヒントをもたらしてくれます。そういう手があったのか！がみんなのアイデアです。

TIPS 34 2日のコースを1日で

単独行に慣れ足に自信があるようであれば、2日間コースを日帰りにすることも可能です。同行者のいない単独ならでは、ペースを人に左右されない利点を生かした選択です。単独なら少し欲張ってもOKです。行動開始時間を早くし、早め早めの行動を心がけることで、より長く遠くへ歩くことができます。無理は禁物ですが、日帰りでもかなりの充実した山行となるので、1日しか時間が取れないときなどにはオススメです。

自分でペースが決められるのが単独行

TIPS 35 普段からプランを作っておく

山の予定がなくても山行計画だけでも作っておくと、急に取れた休みのときなどに計画を考える時間を短縮できます。アクセス手段を調べ、装備表を作っておけば、直前に天気などの最新情報をつかんでパッキングするだけでスムーズに出発できます。日帰りや1泊、2泊など、いくつかのプランを作っておくと便利です。なによりプランを考える机上登山そのものも楽しいので、なかなか山に行けないときにはおすすめです。（編集者／タキザーさん）

時間を見つけて行きたい山の計画を作っておこう

TIPS 36 違う山域の計画書を2パターン作っておく

少しエリアの離れた山を対象にした計画を2パターン作っておき、直前の天候判断で決める、というものです。たとえば、上越の山と丹沢。気象の傾向がまったく違うので、上越が雨なら丹沢というふうに、直前での変更もスムーズです。アクセスなどもあらかじめ調べておけば、前日・当日に変更しても困りません。直前の判断・決定が自由自在なのも単独行ならではのメリットです。ただし登山届と家族への連絡は忘れずに。

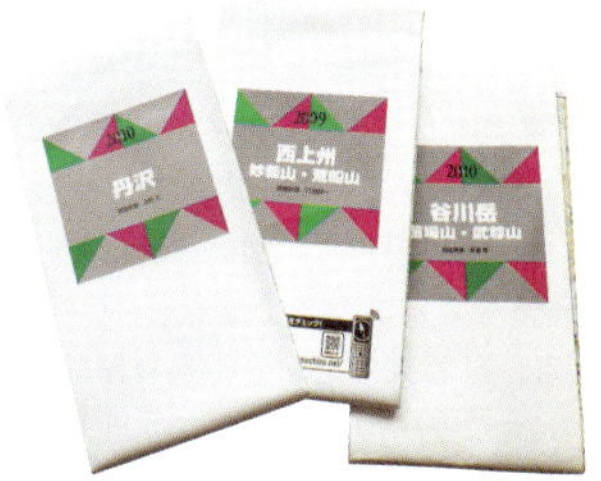

直前まで決めかねるときは複数の計画を作っておくと便利

TIPS 37 地図はコピーを持っていく

山へ持っていく地図はコピーしたものに登山計画の必要情報を書き込みます。原本の地図をそのまま持っていって汚れたり破れたりしてしまったら、もう使えなくなってしまいます。コピーでも充分に役割を果たします。地形図はコピーしてあらかじめルートを色でなぞっておいたりします。気兼ねなく書き込めるのもコピーの利点です。インクジェットプリンターよりレーザーのほうが耐久性があります。注意点は複写範囲を間違えないこと。山中で必要箇所がない、なんてことにならないように。（ライター／須藤ナオミさん）

主要な部分をコピー。機能的には写しでもまったく問題なし

Column

悩んだときは原点に戻ろう

山行計画を立てるときから、すでに登山は始まっています。自分の実力で登れそうな山を選び、現地の情報を入手し、日程や登るルート、装備を考えます。それらはすでに登山の一部といえます。単独行では、そのすべてを自分で考え決定していかなくてはなりません。登山の行程のなかでも計画作りは入念に行ないたい過程です。そして個々の山行が単発に終わってしまうのではなく、大きな目標に向かう流れの一部となっているよう「将来はこんな山登りがしたい」と考えて一つ一つの登山を計画すると、ステップアップにつながります。登山はある意味で生活の延長であり、ある意味では非日常でもあります。安全に長く続けていくには、普段から知識や技術、体力などを向上させることが必要です。単独行ゆえに自分の登山について迷ったり、決めかねたりすることがあるかもしれません。そんなときは、自分は山とどう向き合っていくか。山とどう向き合いたいか。山に登り始めたときの気持ちを振り返ってみると、案外シンプルな答えが見つかるかもしれません。なにごとも楽しんでいきたいものです。

山を楽しむためには入念な計画と準備を。自由で気ままな単独行だが、将来の大きな目標を立ててステップアップしていこう。

3 装備

Equipment

装備は山行行程を元に考えていきましょう。
アイデアと工夫次第で、
快適で安全な登山になります。
単独行では特に入念な
シミュレーションに基づく装備計画が大切です。

単独行の装備を考える

すべては自分次第

単独行といっても特別な道具や装備が必要になるわけではありません。単独でもパーティでも、使う装備や考え方の基本はまったく同じです。ただし、単独行は仲間との分担や協力ができません。すべてが自分次第。自分ひとりということは、装備計画を100%把握でき、自由に決められるともいえます。自力ではどうしようもないトラブルや安否に関わるケースを除いては可能な限り他人に助けを求めず、自分の力で解決できるように装備を考えていきましょう。

まずは日帰り山行をベースに

日帰り山行で使用する装備は、すべての山行で必要なものです。まずは日帰りをベースに考えてみましょう。レインウェア、ヘッドランプ、行動食、飲み水、救急セット、地図など、まずは絶対に必要な装備から準備。次に当日着るウェア。足元あるいは頭から順を追って決めていきます。そして最後にあったらいいなというものを追加します。

装備が少ない日帰り山行を基本にしよう。行程が長くなれば、基本装備に追加していくだけ。

TIPS 38 ザックは少し大きめをチョイス

自分で背負って無理なく歩ける程度なら、多少荷物が重くなってもいいのではないかと思います。そこそこの軽量化にとどめ、キャンプ中の快適道具やたっぷりの食材などを持っていく僕は、荷物が多くなりがちだから、いつも容量60ℓ程度のザックが必要になります。写真は、グラナイトギアのニンバストレースというモデル。生地の薄さが少々気になるものの、背負いやすくて細部のポケットも使いやすく、なんといっても見た目が僕好みでした。買って正解でした。（ライター／高橋庄太郎さん）

TIPS 39 いざというとき、テープ類が使える

ソロで山に入ったのに、装備のトラブルでほかの人に助けを求めるのは、できるだけ避けたいです。そこで持っていくのがリペア用のグッズ。接着剤や結束バンドも有効ですが、いちばん使えるのはダクトテープやガムテープなどの粘着性テープ。テント、ウェアなど「張りつける」だけで機能を復元するものは、山岳ギアに数多いです。またプライヤー（ペンチ）機能がついたマルチツールも、細かい作業に便利。（ライター／高橋庄太郎さん）

TIPS 40 いくとおりにも使えるアイテムを活用する

いろいろなシチュエーションに使える道具を選んで購入すると、装備の集約&削減になります。機能を整理して考えていくと、一つの道具で兼ねられるものがあることに気付きます。一石二鳥グッズの探求です。一つの道具が二とおりにも三とおりにも活用できれば、そのぶん荷物が軽くなり足どりだって軽くなります。たとえば防臭抗菌の麻素材のストール。肌触りが抜群によく、直接肌に触れても不快感はありません。大判なので広げればブランケット代わりにもなります。無難にストールとして首に巻いたり、暑いときには日焼け対策、汗拭きにも。汗が止まらないときは頭にターバンとして巻いてもOK。（アクシーズクイン／新井知哉さん）

山小屋（営業小屋）泊で考えてみる

食事や寝具が提供される山小屋泊は、基本的には日帰り山行の装備で事足りるでしょう。しかし、行程距離が長い場合は、しっかりしたソールの靴を選びましょう。食料は小屋で出される食事を元に、行動食がどれくらい必要か考えてみます。通常、明るいうちに小屋に着き、食事まで少しくつろぐ時間がありますから、防寒着＋リラックスできるウェアがあると快適に過ごせます。歯ブラシやアメニティグッズ、貴重品やライトなど、小屋内でも常に身につけておきたいものがあります。そんなときは小さなバッグがあるととても重宝します。

小屋と一口に言っても設備などはまちまち。泊まる山小屋の状況なども考慮しながら装備を考えるといい。

TIPS 41 抗菌消臭ウェアで着替えをミニマムに

肌に直接触れるベースレイヤー（アンダーウェア）。素材によって持ち味があります。ポリエステルなどの化学繊維素材は吸汗速乾性に優れ、夏の大汗も瞬時に処理してくれます。なかには防臭加工したものもありますが、においがつきやすいのが難点。そこでオススメしたいのがウールなどの天然素材です。特に繊維の細かいメリノウールは、肌に触れてもチクチク感がありません。天然素材は元々防臭効果が備わっていて、においがつきにくく長時間着ても気になりません。着替えを削減することもできます。速乾性は化繊繊維には及ばないものの、多少濡れていても保温性があるのも特長で、いいことづくめです。

メリノウールは肌触りもよく着心地もいい。体にピッタリしたサイズを選んだほうが吸汗もよく暖かい。

TIPS 42 ウェアは「行動時」と「就寝時」の2パターンで考える

普通の旅行であれば1日目、2日目と日ごとに着替えを準備するところですが、山では「行動時」と「就寝時」の2パターンで考えてみるといいでしょう。起きて動いているときと、泊まって寝るとき、山でのシチュエーションは大きく分けて2つです。たとえば2泊3日の行程ならば「行動用のシャツと靴下だけ1回着替えられるように。寝る用は化繊アンダー上下のワンセットだけで乗り切ろう」といった具合です。持参する防寒着などすべてのウェアをトータルで考え、過剰に着替えを持たないようにすると荷物も軽くなります。

いつもは1日目、2日目と縦割りで着替えを考えるところを、シチュエーション別に横割りで考えてみよう。

TIPS 43 使いこなせることが大前提

ツエルトもファーストエイドキットも、いざというときに大いに役に立ってくれる道具ですが、それも「使いこなせる」という大前提があってこそです。使えないものを持っていっても意味はないし、無駄になるだけなので、装備リストから外すべきです。もし山行に必要不可欠だと考えるなら、事前に必ず使い方を身につけた上で持参するようにしましょう。必要な装備は確実に。過剰に持っていく必要はありません。(山岳ガイド／加藤直之さん)

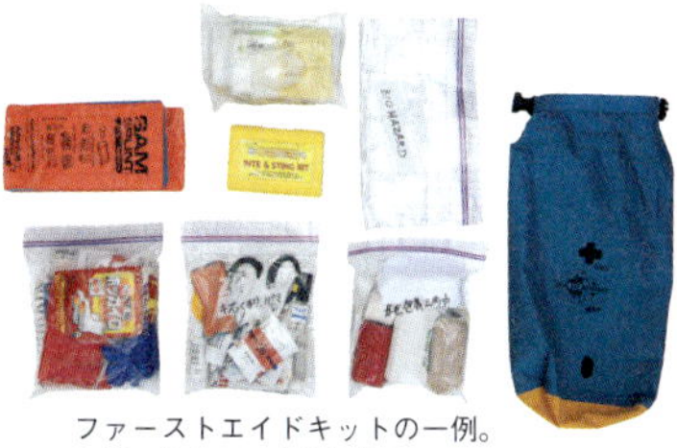

ファーストエイドキットの一例。
山行に合わせて内容を考える。

ツエルトとビバークシート。
道具は使いこなせてこそ。

単独のテント泊装備

テント泊は衣食住、生活のすべてを担ぐことになります。日帰りや山小屋泊山行に比べて、持つ装備ははるかに多く重くなり、体にかかる負担も大きくなります。単独行となれば、すべてひとりで担ぐのでなおさらです。重くなるザックに備えてブーツなど足回りを固めることも大切。トレッキングポールの使用もとても有効です。長く歩くための装備を足すことで、山行にも余裕が出てきます。

宿泊装備として加わるものは、テント、シュラフ、マット、ストーブ、クッカーなど。単独行では「軽さ」を求めることがポイントです。そして他人を頼れない環境では壊れにくい「丈夫さ」も重要。軽さと丈夫さは時に相反することがあります。また悪天候など条件が悪いときのことも想定してみましょう。軽さ、丈夫さ、使い勝手のよさといった要素の平均点で比較して装備選びをするといいでしょう。

テント
設営がしやすく前室スペースも有効に使えるので、自立式のダブルウォールテントがオススメ。もし春・秋や高山での使用を考えているならば、本体がメッシュのタイプは避けたほうが無難だ。

ストーブ
ガソリンストーブは経済的だが重量が増す。湯を沸かすだけなら軽量のアルコールストーブや固形燃料という選択もあるが少々火力が弱い。したがってスタンダードなガスストーブがいちばん使いやすくて便利だ。

シュラフ
ダウンか化繊か迷うところだが、ひとりきりで寝ることを考えると温かさを重視してダウンを。同じクラスの化繊と比較すると収納サイズ、重量ともにダウンに軍配が。表面生地が撥水加工されているものがいい。

マット
ウレタン素材やエア注入式など多彩な種類がある。保温性や収納性も重視したいが、いちばんは寝心地。マットの厚みもいろいろあるので比べてみよう。エア注入式は内部構造によって保温性に差が出る。

クッカー
600mℓくらいの容量がちょうどいい。素材は、汎用性を取るならアルミ製、とにかく軽さを重視して財布に余裕があるならチタン製。ステンレス製は丈夫で安価だが重いので、アルミかチタンのいずれかだろう。

TIPS 44 2人用テント という選択もあり

ソロを好む人にはミニマリストが多く、テントも最低限度の大きさ。だけど僕はスペースが広めのモデルを使います。ソロ山行ではキャンプ地での自分の時間が長く、テントの中ではゆったりとリラックスしたいからです。これはマックパックのマクロライトという2人用。換気用のベンチレーターに加え、入口が2つあるので風通しがよく、夏や初秋の暑い時期でも快適そのものです。（ライター／高橋庄太郎さん）

いまや1人用も本体は1kgを切る時代です。「○人用」と表記があってもメーカーによって大きさはまちまち。重量、居住性、収納時の大きさなどあらゆる角度から吟味しましょう。

高橋さん愛用のテント。2人用だがソロ山行で活躍している。

TIPS 45 枕で安眠スヤスヤ

荷物の軽量化を考えれば、たたんだ衣類でも代用できる枕は不必要な装備といえます。しかし僕は絶対に持っていきます。自分に合う枕で熟睡したほうが、翌日に疲れが残らず、気分もいいから。空気を入れて膨らませるものならば、重さ70〜80gのものも今は見つかります。写真は快適さを求め、僕がこれまでに試してみた枕の一部です。表面生地が強いものは行動中の休憩時にはクッションにも使え、厚みがあるものはテント内でくつろぐときにも重宝します。（ライター／高橋庄太郎さん）

快適さを求めて高橋さんが試してみた枕の一部。表面記生地が強いものは行動中の休憩時にはクッションにも使え、厚みがあるものはテント内でくつろぐときにも重宝する。

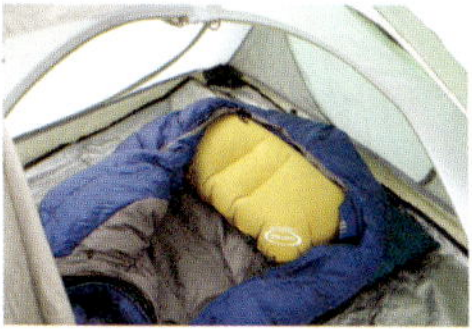
寝袋のフード内に枕を入れて使うと、就寝中に頭からずれず寝心地が悪くなることがない。

TIPS 46

サンダルがあれば トイレも楽チン

サンダルが一足あると、テント泊のときは特に重宝します。長い道のりを歩き終えたら、サンダルに履き替えて足を解放。ちょっとテント場でトイレに行きたいときも、いちいちブーツを履くのは面倒です。ビーチサンダル、ストラップサンダル、スリッポン、どんなタイプも最近は軽くなってきているのでたいした荷物にはなりません。また家からブーツを履いていくのも（冬はなおさら）なんだか足が重いし、下山して帰宅するときもできればあまり足を締めつけたくないもの。かかとがあってある程度しっかりしたものであれば行き帰りにも履けます。

ザック内に収納できるのであれば、サンダルはスタッフバッグに入れてしまおう。靴を脱ぐと、足が解放されて快適だ。

TIPS 47 場所によっては折りたたみ傘が活躍する

足元が安定して広い場所、林道の長いアプローチなどで、かつ雨風が強くない小雨の状態であれば、傘を使うのもありです。もちろん傘があってもレインウェアは必携です！ シチュエーションに応じてレインウェアと併用するといいでしょう。家から出るときにすでに雨に降られていることだってあります。そんなときに軽量コンパクトな折りたたみ傘があると便利。重さもスペースも気になりません。テントからちょっと出入りするときも活躍します。

コンパクトで軽量なタイプなら、ザックの隅に忍ばせれば安心。もちろん普段使いにもOK。

TIPS 48 便利小物がテント生活を快適にする

サーモス「山専ボトル」と、ナルゲン「グローボトル」を両刀使いします。標高の高い山に行くときは、必ず温かい飲み物を持っていきます。白湯を入れて、現地で飲み物を作ることもあれば、最初からお茶などを入れていくことも。グローボトルは暗闇で薄暗く発光するので、夜中の水分補給時にライトをつけなくても飲めます。そして、パッキングにもひと工夫。濡らしたくない着替え、現場で使う道具で分けています。アイテム別に分けておくと、バックパックの中で探しやすいです。どれもジャストサイズの袋に入れて、コンパクトに収納します。（登山ガイド／菅野由起子さん）

保温ボトルは、夜のうちに湯を沸かしてボトルに入れておけば、朝支度の時間が短縮できます。寒いときは温かい飲み物がうれしいものです。

カギは軽量化

装備の軽量化はさまざまな「いいこと」をもたらしてくれます。足腰への負担が軽くなること、身軽になって歩くスピードが上がること、気持ちにも余裕が生まれること。軽量化はただやみくもに装備を減らしたり、ただ軽い道具に買い換えたりすることではありません。きちんとポイントを抑えて、実のある軽量化をめざしましょう。

装備の重量をすべて量ってみよう

自分の装備がいったいどのくらいの重さなのかを把握しましょう。テント、シュラフ、マットはもちろんのこと、ザック、食料、燃料、レインウェア、ストーブ、ヘッドランプ、クッカー、スプーン、着替えのウェア、トレッキングポール…。身につけ、背負うものすべてを量って、総重量だけでなく、装備の一つ一つが何グラムか把握しましょう。感覚だけでなく数字にすることで、なにが重いのか軽量できそうなものなどが見えてきます。

ストイックになり過ぎない

必要最低限だけを考えてしまうと、趣味のアイテムや嗜好品は削減する対象になってしまいます。しかし山は楽しむ所。無理に装備を削ってガマンしたりせず、割り切って趣味嗜好はそのままにしてもいいでしょう。削減するところとしないところをキッパリ決めるのも手です。山での経験を積んでいけば、装備の取捨選択の精度が徐々に上がります。なにごともストイックになりすぎず、軽量化も楽しみながらやりましょう。

TIPS 49 ベースウェイトを5kgに抑える

ウルトラライトの世界では水や食料、燃料などの消耗品を除いた装備重量をベースウェイトと呼びます。最近の軽量な道具をそろえればベースウェイトを5kgに抑えるのは不可能ではありません。そうなれば水や食料、燃料まで含めた装備を10kg以下に抑えるのも夢ではないです。体感がグンと変わります。（ハイカーズデポ店主／土屋智哉さん）

TIPS 50 マットは身長より短くてもいい

たとえば身長が160cmだったとしても、マットは身長より短くてもOK。市販のマットは短いもので90cmや120cmという短いタイプもあります。横になったとき肩から腰にかけての接地面が大きな部分だけをマットを敷くようにします。マットからはみでた頭部と脚部は持ち物を使ってカバーするのです。頭部は着替えなどを丸めて枕代わりにし、足はぺちゃんこに潰したザックを敷けば全身を網羅することが可能です。

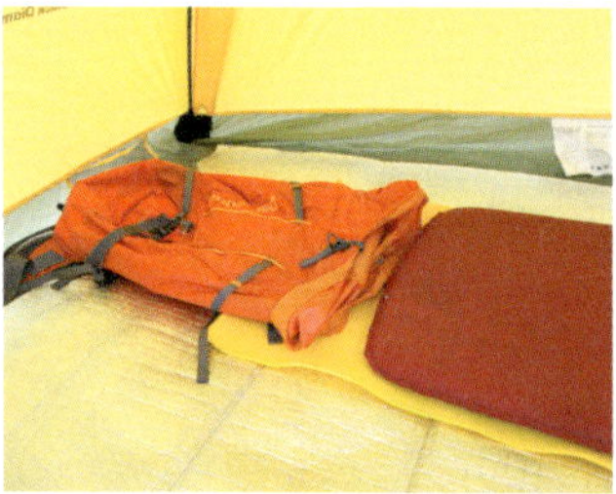

TIPS 51 作る・食べるの器は一つでまかなう

20年ぐらい愛用しているヤマコウ（現スノーピーク）のクッカー。簡単な調理以外にふたは、お皿としても使っています。食器をいくつも持っていきたくないので、一つで両方に使えるサイズを選んでいます。また、食事をした後は、クッカーをきれいにしますよね。このとき食後のお茶で使ったティーバッグで汚れを拭き取ります。水気があるので調味料などの汚れも落ちやすく、茶ガラがスポンジ代わりになります。(登山ガイド／菅野由起子さん)

一つのクッカーですべてを済ませるコツは、まずご飯を食べて次に汁物系、最後はお茶など飲み物で締めるという順番。器がきれいになります。(編集部)

一つの器だと熱いうちにゆっくり食べられる。最後は茶ガラでおいしくきれいに。

パッキング法

いつもの袋、いつもの場所にしまう心がけ

絶対必要なものは、それぞれいつも同じ袋に入れておき、パッキングの際にはそれらを必ず収納する習慣をつけるといいでしょう。またザックの雨蓋、サイドポケット、フロントポケットなど、どこに何をしまうかを完全に決めてしまう方法もあります。なんとなく収納するクセをなくし、自分のルールを作れば忘れ物や探し物もなくなるでしょう。ルールができるとパッキングにかかる時間も短縮され、行動自体も早くなります。

TIPS 52 ギアの外付けは基本NG

ギア類の外付けは、狭い登山道でのすれ違い時の他者との接触、岩場での引っ掛かりなどが懸念されます。基本的に装備はすべてザックの中へ。収納できるものは内側にスッキリと収めましょう。地図やコンパス、コンパクトデジカメなど使用頻度の高いものはポーチなどをショルダーストラップに固定するとスムーズです。ちなみに山小屋や公共交通機関ではピッケルやアイゼン、ポールはザックから外して手で持つのがマナーです。

TIPS 53 付属のスタッフバッグから詰め替える

シュラフ、ダウンウェア、スパッツなどを買うと、純正の袋に入っていますね。私は、少なくとも、この袋の倍はある大きいものに入れ替えています。パッキングの際、袋に余裕をもたせておくと形が固定されず、押し込めば小さくなり、ふっくらと入れれば余分なスペースがなくなって、バランスよくきれいにパッキングできるからです。また、ダウンなどをゆったり詰めておけば、取り出したときに膨らむまでの時間が短くて済みます。（ハイカーズデポスタッフ／長谷川晋さん）

付属（純正）の袋はかなりギュウギュウに押し込まなければ収まらないものも多く、袋があと少し大きかったら…と、ちょっとストレスに感じることも。市販のスタッフサックのサイズは多彩です。袋を変えるだけでストレスもなくなります。（編集部）

TIPS 54 壊れ物はドライバッグで守る

サングラスやつぶれやすい食材などは、そのままザックに入れると壊れてしまうことがあります。そんなものを持っていくときは、空気で膨らませたドライバッグに入れています。空気がクッションになるわけです。僕は、シルナイロン製の超薄手を使っていますが、タイプによってはうまくいかないことがあるので、買うときにチェックしてください。（ライター／高橋庄太郎さん）

みんなのアイデア

TIPS 55 鏡で自分をチェックする

救急セットなどに小さな鏡を入れておくととても重宝します。単独行のときには自分の顔をチェックすることができません。もちろんお化粧直しにも使えますが、顔になにか傷を作ってしまったとき、目になにか入ったとき、そんなときこそ鏡の出番です。いざというとき、太陽光を反射させてエマージェンシーとしても使えます。小型のもので充分、一つあると安心です。プラスチック製の鏡であれば破損の心配もありません。

TIPS 56 なにかと使える新聞紙

意外なほど重宝するのが、新聞や雑誌のようなまとまった紙類です。調理の際はまな板になり、ブーツ内が濡れてしまったら内部に詰めて吸水させれば、乾燥がぐっと早くなります。くしゃくしゃにして寝袋の足元に入れると保温性もアップします。（ライター／高橋庄太郎さん）

ひとりの夜は暇なときもあります。そんなときは新聞を読みます。うっかり飲み物をテント内でこぼしたときは新聞で拭きます。新聞はわりとすぐ乾くので何度か使えます。そしてまた読む…。読んでよし使ってよしです。（編集部）

TIPS 57 レインスカートが便利

スカートはゲイターと併用すると全然濡れません。着脱も簡単。ちょっとした小雨のときはレインウェアより便利です。バックパックまでカバーできるのがいいです。濡れた場所にテントを張るときはシート代わりにもなります。全体はカバーできませんが自分のいる場所は確保できます。（アクシーズクイン／新井知哉さん）

TIPS 58 レジ袋でヘッデンがランタンに変身

テント内でくつろぐときには、前方のみを照らすヘッドランプよりランタンのほのかな光がうれしいものです。でもわざわざ持っていくには少々重い。ヘッドランプの光を拡散させる市販のランタンシェードもありますが、白いレジ袋をかぶせても同様の効果があります。触れるとガサガサとうるさいのが難点ですが。（ライター／高橋庄太郎さん）

Column

オリジナルを生み出す楽しさ

市販のアウトドアグッズを使いこなせてくると、ここがもう少しこうだったらな、こういうものはないのかな、そんな思いも沸いてきます。自分の使いやすいように手を加えてみたり、ゼロから自作してみるのも楽しいものです。

ライターの羽根田治さんは、埼玉県警山岳警備隊のすばらしいDIYを目の当たりにしたそうです。

「埼玉県警山岳救助隊を取材したとき、優れものを見つけました。ストックを使う中高年層が数多く起こす事故を目の当たりにして、救助隊が考案して製作したストックホルダーです。ベルトに通し、腰につけて使用するのですが、一見、ナイロン製の財布にしか思えないほどコンパクトで軽いのです。ストック２本をまとめて面ファスナーで留められ、たちどころに両手がフリーになります。初めて見たときは、深く感心してしまいました。私は救助隊の方から１ついただき、ストックを持っていくときは必ずベルトにつけています。残念ながら非売品ですが、とてもシンプルな作りなので、ちょっとした裁縫の心得があれば自作も可能だと思います」。

なければ作り、使いにくければ使いやすいように工夫してみる。単独行では特に自分なりの使いやすいシステムを考えると、登山が充実するかもしれません。オリジナルを生み出すのも山の楽しみです。

ベルトループで装着

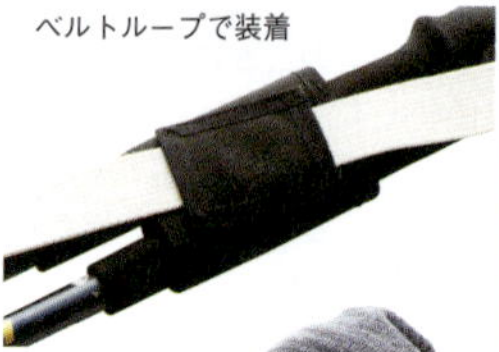

腰ざし型で、動きの邪魔にならない

ホルダー内部。１本目を白い面ファスナー、２本目を黒い面ファスナーで留める。左裏に黒い面ファスナーがある

4 登山

In Mountain

さあ、いよいよ山に向かいます。
登山はただ歩くだけではありません。
歩きながら、あるいは休憩中に
やるべきことも多いものです。
単独行はまさに山あり谷あり。
基本を踏まえて歩き出しましょう。

登山口ではまず準備運動

ウォーミングアップしよう

体を目覚めさせる

登山口に着いたらいきなり歩き出さず、入念に出発準備をしましょう。到着する寸前までバスや車などの乗り物に乗っていることも多いので、到着したらまずは深呼吸をして体中に酸素を送り、脳と体を目覚めさせるところから始めましょう。関節を回したり、体操をしたりして最初は軽く小さく体を動かします。全身に血液がめぐり、徐々に体が温まってきます。準備運動で体温を上昇させることで体の反応がよくなり、ケガの予防にもなります。

準備運動とストレッチの違い

準備運動は心身を目覚めさせ、温めることが目的です。ラジオ体操や、登山と同じような体の動きを事前に行なうのはとても効果的です。しかし、脚やアキレス腱など体の一部を思い切り伸ばし、同じポーズでしばらく動きを止めたりするようないわゆる静的なストレッチは、あまりウォーミングアップにはつながりません。静的なストレッチは体が温まってから。まずは体を動かし体温を上昇させることがポイントです。

TIPS 59

簡単ウォーミングアップ

すぐ実践できる、簡単なウォーミングアップをいくつかご紹介。手首・足首・腰といった関節をグルグルと回し、ほぐしたらもう少し大きな動作をして体操などに加えてしっかり体を温めてから歩き出しましょう。

❶

まずは深呼吸。胸を開いて大きく息を吸い込もう。腕を伸ばして背筋もよく伸ばす。動きを止めたり息を止めたりしないように。

❷

手首・足首・首・腰・腕回りなど関節を回す。右回り、左回りと両方から。体の末端までほぐす。呼吸はしっかりする。

❸

足を肩幅に開いてその場で軽くジャンプ。足を左右前後に開閉しながらジャンプ。その場で駆け足でもOK。

❹

浅い伸脚を左右。いきなり深く伸脚して伸ばし過ぎないように。体操の動きの一環として取り入れて、全身に酸素をめぐらすようにする。

❺

軽い膝の屈伸。伸身のときに膝を回してもいい。曲げ伸ばしで膝と足首をほぐす。

❻

腕を伸ばし、円を描くように上体をゆっくり大きく回す。右回り左回り。呼吸を止めないようにしっかり息を吐きながら。

❼

体が少し温まったらストレッチ。膝を引き上げ股関節を伸ばす。ふらつく場合は片手を柵などに添えてバランスをとる。

歩き出す前にやっておこう

出発前の最終チェック

地図を見てコースを再確認

登山口など確実に現在地がわかる場所で、地図を広げましょう。方角と地図を合わせて歩くコースの直前確認をします。まずは最初の分岐や休憩場所などを頭に入れておきます。地図はいつでも見られるように取り出しやすい所にしまいます。直近で歩く部分だけ見やすいように折りたたんでおくと、行動中もスムーズに確認できます。

必ずトイレに行っておく

特にもよおしていなくても、トイレがあったら必ず立ち寄っておくようにします。いったん山に入ってしまうと、用を足せる場所は限られてしまいます。途中の山小屋でも借りられる（たいてい使用料がかかります）ときは寄るようにして、チャンスがあったら必ず行く！ を心がけておきましょう。

その他のあれこれ

ブーツはしっかりかかとを合わせて履き直し、ひもをしっかり結びましょう。ザックのフィッティングも忘れずに。どこかに違和感があるまま歩き出せば、後々つけが回ってきます。出発前に一つ一つを丁寧に点検しておきましょう。飲み水の補給は充分か、行動食はすぐ出せるか、細かな部分も最終チェックします。

TIPS 60 コース全体を把握するとバテにくい

歩くコースの全体像をあらかじめ頭に入れておくと、心構えができてバテにくくなります。等高線の混み具合を見て山の斜面のイメージをつかみましょう。「前半はキツイ登りが2時間くらい続きそうだけど、それを乗り切ればあとは稜線に出てそこからは楽になるぞ」など、先がわかるとペース配分が容易です。コースのがんばりどころ、休めるポイントを抑えられれば自分なりのプランニングができます。いまはコース全体のどのあたりにいてどう歩いていくのかがイメージできます。そして、コースをイメージして地形を予測しながら歩くことができれば、万一、道を間違えたときにも「おかしい」と早期に気付くことができます。道に迷わないためにもコース全体の把握は重要です。

事前にコースの全容を確認してイメージを膨らませておこう。大まかなルートがわかっていれば集中力も途切れない。

TIPS 61 登山口で標高と高度計を合わせる

忘れてしまいがちなのが、高度計合わせです。確実な標高がわかる登山口で合わせてから出発しましょう。多機能時計に内蔵されている高度計機能は気圧を基に高度を割り出す仕組みになっているので、天候の影響を受けます。急に気圧が下がったりすると誤差が生じてしまいますので、こまめな補正が必要です。登山口で合わせた後も、分岐点や山頂など標高が確実にわかる場所で必ず確認して、ズレが生じていれば修正しておきましょう。

歩く前に必ず標高合わせ。登山口でしっかり合わせておこう。

ウェアを整える

山では寒くなったり暑くなったりと、体感温度が目まぐるしく変化します。常に適切な着こなしをすることが体調管理につながります。肌に触れるベースレイヤーや中間着のミッドレイヤーといった重ね着が細かな体温調整を可能にしてくれます。

歩き始めのウェアリング

ウォーミングアップで少し体が温まったところで、いざ出発です。出発のときはそれまで着ていた防寒着などは脱いでいきましょう。よっぽど寒さを感じたり、気温の低い日を除き、歩き始めればすぐに暑くなってきます。風が冷たいときには薄手のアウターやニット帽、手袋を合わせると◎。少し肌寒いと感じるくらいがちょうどいいでしょう。

ウェア
体温上昇に備えて、通気性のよいものを。アウターを着ているときはポケットが開きっぱなしになっていないかもチェックしよう。

バックパック
背中のフィット感チェック。チェストベルトやウエストベルトの位置、ウェアと干渉していないか。

ブーツ
ひもがきちんと結ばれているかチェック。天候や路面状況によってはゲイターなどを着用。

帽子を2タイプ
ツバの大きなハットは行動中の日除けに、保温性のあるニット帽は朝夕の寒い時間帯に使用する。2種類の帽子を使い分けるといい。

小物使いで
気温が低いときにニット帽や手袋をプラスすると格段に温かくなる。立ち止まらずともすぐに脱ぐことができる便利アイテムだ。

歩き出してからもこまめに調整

行動中も体感によってこまめに脱ぎ着を繰り返していきましょう。暑いのをガマンしていては無駄に汗をかき、ウェアが濡れてしまいます。汗のかき過ぎは疲労や汗冷えにつながります。逆に震えながら歩くのも得策ではありません。ザックを下ろせる広めの場所でウェアを調節し、いつもちょうどいい状態が保てるようにしましょう。

TIPS 62 防寒着はすぐ出せる場所にしまう

フリースやダウンジャケットなどの防寒着は、雨蓋のポケットやフロントポケットといった取り出しやすい所に収納しておきましょう。奥底へしまい込み過ぎないように注意が必要です。また脱いだ防寒着を雨蓋に挟んでおいたり、腰に巻いたりするのはおすすめしません。歩くときの妨げになり、引っ掛かりなど思わぬ事故を招くので必ずザックの中にしまっておきましょう。すぐに出し入れするという点では行動食や飲み水といったものも、取り出ししやすい所に収納しておきましょう。

すぐに使いそうなものは雨蓋のポケットに入れておこう。小さなスタッフバッグに小分けしておくと取り出しやすい。

山の歩き方

路面が大きく変化する登山道を歩く方法は、街中を歩くのとはちょっと違います。正しい歩き方で安全に登山を楽しみましょう。

まずは基本をマスターしよう

体勢が前かがみになったり、後ろへ反ったりせずに、鉛直になるよう自然体で立ち、スーッと重心移動しながら、足裏全体で地面をとらえましょう。後ろ足で蹴り出して前進するのではなく、重心移動とともに次の足が自然に前へ出るように。このとき、普段よりも小股を意識すること。大股で歩くと無駄に筋力を使って疲れるし、滑りやすく、ケガの原因にもなります。また、歩行中は体が左右にぶれないように注意します。無駄に体力を使うほか、枝や岩などにザックを引っ掛けかねません。

キホン

リラックスした自然な状態でゆっくりと小股を意識して重心移動を行なおう。登りのときは、やや足をガニ股にすると足裏全体で地面をとらえやすくなる。とにかく普段よりも小股を意識することが大事。斜度がきつい所ではさらに小股を心がけよう。

悪い例

下りのときに腰が引けてしまっていると、重心が後傾になり滑りやすい。また登りのときは前傾姿勢になると滑りやすい上、足や腰を痛める可能性も。目線を落とし過ぎないようにすることも大切だ。

長く歩くために

疲労度を大きく左右するのがペース配分です。速度を上げすぎると筋肉の疲れが早く、酸素の供給も追い付かなくなり、バテを招きます。息切れしないペースを保ちましょう。ほかの登山者とのすれ違いや追い越しなどもペースを乱す原因になりやすいので注意が必要です。また、大きな段差などは筋肉に強い負荷がかかるので、横向きで上り下りしたり、小さな段差を見つけて迂回したりして、疲労が蓄積するのを避けましょう。

段差を横向きで下りる
膝が笑ってしまったとき、笑いそうなときは、ときどき横向きで段差を下りてみよう。膝や筋肉への負担が軽減される。大きな段差が出てきたら横向きでクリアしよう。

トレッキングポールを使いこなす

トレッキングポールの長さは、平らなところでグリップを握り、肘が90度よりも少し開くくらいを基本にしましょう。トレッキングポールを使うと、歩行の際に足だけではなく、腕の力も推進力として使えるので有効です。バランスをとるのにも優れています。登りの斜面では平地よりもポールの長さを5～10cm短く、下り斜面では5～10cmほど長くすると扱いやすくなります。

グリップの握り方とつき方

スタンダード
基本的な握り方。ストラップの下から上に手を通し、ストラップの根元と一緒にグリップを横からつかむ。

オーバーハンド
体重を上からかけやすい握り方。グリップの先端部分を上から握る。下りのときなどは効果的に使える。

登り
登り斜面ではポールを前方ではなく足元について、体を上方へ引き上げるイメージで体の動きをサポートする。

下り
下りでは前方につき、ポールに体重を預けながら下ると、膝の負担を軽減できる。使用中に縮まないようしっかりロックを！

トレッキングポール使用の注意点

細い道や岩場など、ポールがつきにくい場所では無理に使用しないようにしましょう。細い道のトラバースではポールを谷側に2本まとめて持ち、岩場やハシゴなど両手を空けておきたい岩場や鎖場では、ポールは一時的にザックの中にしまっておきます。短い通過でも手に持ったままにすると思わぬケガや事故の原因となります。場所に応じて持ち方を変えたり、使用を控えるなど、状況に合わせた使い方をしましょう。

トラバースでの一例
無理に使用せず、2本まとめて谷側の手で持つ。

TIPS 63 経験者の後ろを歩くと上達する

落ち葉や木の根、ザレ場、浮き石、コケの生えた石など、登山道には転びやすい場所が多くあります。基本は不安定なものに乗らないよう注意深く足を置くことです。その点、経験者は瞬時に判断しながら足の置き場を決めています。歩き慣れないうちは経験者のすぐ後ろを歩き、踏み跡をたどると転ばない歩き方が身につきやすいものです。

木の根の多い所などは特に歩きにくい。熟練者のすぐ後ろについて、足跡をたどるように歩いてみるとコツがつかめてくる。

難所の通過

地図に「鎖場」と表記があると、少し緊張してしまうものです。しかし基本をしっかり身につけていれば、難所も問題ありません。単独行ならマイペースでOK。慌てず、丁寧に通過することが大切です。

TIPS 64 鎖はあくまでも補助として使う

鎖は安全に登り下りするための補助的なものと考えましょう。鎖に頼り過ぎると手や腕の負担が大きく、足を滑らせたときにケガや転落する危険があります。鎖場では先に取り付いている人がいないことを確認し、少し引っ張って鎖の安全性を確かめるとよいでしょう。あくまでも鎖は補助とし、岩場での三点支持の手がかりの一つとして使いながら登り下りをしましょう。

鎖場の基本姿勢
体を起こして三点支持を徹底し、鎖は補助的につかむ。

鎖に頼り過ぎるのはNG
鎖に頼って登り下りするのはよくない。バランスを崩すと大きく体が振られたり、岩場に叩きつけられたりする危険性がある。

前に人がいたら待つ
鎖場では前の人が鎖固定ボルトを越えるまで、岩場では危険箇所を越えるまで待とう。

鎖場にはグローブを
素手だと鎖が食い込んだりすることがある。滑りにくい革製グローブをすると安心だ。ただし、滑りやすい手袋よりは素手のほうがよい場合も。

TIPS 65 岩場では三点支持を徹底

岩場では怖がって岩にへばりつきすぎるのは逆に危険。ヘッピリ腰にならずに、体を岩から起こした姿勢を心がけます。斜度がきつくなってもそのほうがグリップがよく、スリップ防止にもなります。登り下りの基本は、両手両足の4点のうち、3点は常に手がかりや足がかりをホールドしている状態で、1点だけを動かす三点支持（三点確保）。手に頼り過ぎず、しっかりと足で立つイメージで、安定した場所を選んで足先を置きます。

三点支持
岩場での基本姿勢。3点はホールドしたまま、1点のみを動かし、少しずつ移動する。体は鉛直になるよう意識する。

手（ホールド）
手を伸ばして手がかりになりそうな石や凹凸を持ってみる。石が動くようであれば、落石の危険もあるので使わないこと。

足（フットホールド）
なるべく平らで滑りにくい所を探し、足を乗せる。靴底のつま先5cm以上が乗る凹凸だと安定する。

TIPS 66 ハシゴは一歩一歩しっかりと

登山道のハシゴでは恐怖心からガチガチになってしまう人も。まずはリラックスして恐怖心を取り払い、一歩ずつゆっくり登ります。手でしっかりと踏み桟（横木）を握り、踏み外さないよう足を確実にステップに置き、足で体を押し上げる、あるいは下ります。濡れていると滑りやすいので特に注意。また、ザックやポールなどを引っ掛けないよう慎重に行動しましょう。

休憩のタイミング

単独行では、休憩のタイミングを決めるのも自分自身。何時間にもおよぶ山登りの行程では、効率よく休憩を取りながら進むことがとても大切です。休憩は体を休めるだけでなく、補給や地図読みの時間でもあります。リラックスしながら、次の行程に向けて準備しましょう。

初心者は30～40分に1回を目安に

休憩は、他人に迷惑をかけない広い場所で取ること。短い休憩は１時間に１回５分程度、初心者は30～40分に１回５分程度取るといいでしょう。休憩中は水分補給や行動食の摂取を行ないます。また、気温が低ければ防寒対策をとるか、体が冷えないうちに出発しましょう。長い休憩の際の防寒対策は必須です。

体が冷える前に保温
寒さを感じる前に中綿ジャケットやフリースで早めの防寒対策をとろう。

水分や行動食を摂取
喉が渇いてからでは遅い。休憩のたびに水分補給を。栄養補給も忘れずに！

こんな場所での休憩はNG
登山道、ハシゴや鎖場の待機場所、転落・落石の危険がある所での休憩は×。

山での一服について

山での喫煙マナーとしては、ひとつには環境保護および山火事防止のため、タバコの灰や吸い殻のポイ捨ては絶対にやめ、山で喫煙する場合は携帯灰皿を持参するようにしましょう。また、非喫煙者の気持ちになってみれば、せっかく空気の澄んだ山にいるのに近くでタバコのにおいが漂っていては不快な思いをするはずです。なので、タバコを吸うときは他の人から少し離れたり、大勢の人がいる休憩ポイントでは吸うのを控えたりするなど、喫煙者はある程度の配慮をするべきでしょう。

環境保護や山火事防止のため、携帯灰皿を持参し、吸い殻を持ち帰るのは最低限のマナー。

TIPS 67 地図を確認して記録をしよう

休憩時には行動記録をメモしておきます。登ってきたルートや尾根、谷が見下ろせるような場所であれば、地図と照らし合わせ現在地とルートを確認して、イメージと照らし合わせます。所要時間や体調、道の状況など、細かなことも書き留めておきます。夜に一日をまとめて思い出すよりも、小刻みに振り返って記録したほうがそのときの感情も盛り込まれていて、のちのちいいデータにもなります。

当初にイメージした計画どおりに進んでいるか、こまめに確認しよう。一つ一つが経験として蓄積されていく。

行動食のとり方

登山中は非常に多くのエネルギーを消費します。3度の食事に加えて、行動食という形で定期的にエネルギーを摂取しましょう。エネルギー不足に陥ると思考力は低下し、突然体も動かなくなってしまうので要注意です。

こまめな補給でシャリバテを防止

食事だけではまかなえないエネルギーを補うのが行動食の役割。登山中のエネルギーとなるのは炭水化物(糖質)と脂質ですが、特に炭水化物が不足すると血液中の糖分が減って筋肉や脳の働きが鈍くなり、いわゆる「シャリバテ」(低血糖)を引き起こしてしまいます。脳の働きが低下すると転倒や道迷いにつながることもあります。空腹感の有無にかかわらず、行動食はこまめに口にしましょう。行動食には、調理なしで食べられて消化吸収のよい食品が適しています。即効性のある炭水化物をメインに、ゆっくりとエネルギーに変わる脂質をプラスしましょう。なかでも糖質はすぐエネルギーに変わるので、甘いものは行動食向きといえます。

糖質はすぐにエネルギーに変わってくれる。代表格はおにぎりやパン、せんべいなど。甘い、しょっぱい、酸っぱい、辛いなどいろいろそろえておくと食べ飽きなくていい。

栄養素も考慮してチョイス

栄養素は相互作用で体を機能させるので、ひとつでも欠けてはいけません。また、山では効率よく栄養素を摂ることで疲労を回復させることも可能です。タンパク質は筋肉細胞を修復し、ビタミンB1は炭水化物をエネルギーに変えるのに不可欠。クエン酸は疲労物質を分解します。たんぱく質を生成するアミノ酸はBCAAサプリ、発汗で失われる電解質はスポーツドリンクでとりましょう。

食べやすくする工夫

行動食はすぐに口に入れられるようにあらかじめ工夫しておきましょう。買ったままの状態ではなく、無駄な包装袋は外しておきます。ジップ付きのビニール袋に適量(日ごとなど)をパッキングしておくと食べやすいです。また小さなボトルにスナック類を入れれば、そのまま口に運ぶことができるのでグローブをつけたままでもOK。手を汚しません。

ボトルは飲料の空き容器などが活用できる。使うときはふたがしっかり閉まるか確認を。ジップ付きのビニール袋はなにかと重宝。大小サイズがあると小分けもできる。

TIPS 68 1時間に100～200kcalが目安

登山では安静時の7.5倍ものエネルギーを消費してしまいます。しかし、無理して大量の行動食を食べる必要はありません。体の中に蓄積されている体脂肪などからもエネルギーを得ることができます。自分の体質や体格、コースの難易度や行動時間などを考慮しながら、1時間（休憩を除く）当たり100～200k㎈を目安に食べましょう。カロリー計算は面倒かもしれませんが、加工食品ならパッケージに栄養表示が印刷されているので参考にしましょう。（登山ガイド・管理栄養士／芳須勲さん）

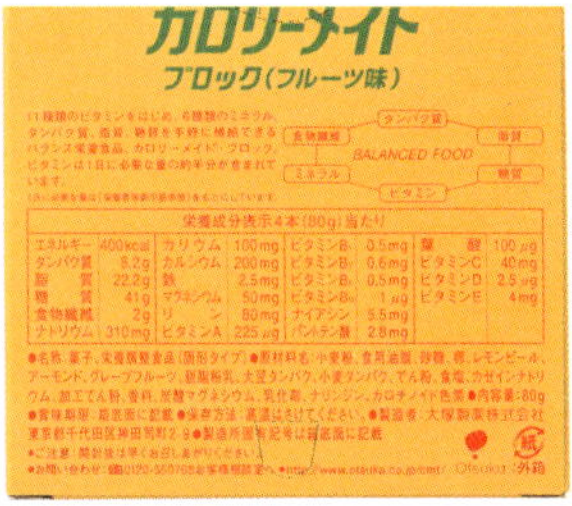

山をもっと楽しむ

TIPS 69 自分なりの楽しみを見つけると より充実した山行になる

山の楽しみ方は千差万別。山に身を委ねているだけでも充分ですが、なにかもう一つ楽しめる趣味をもつとさらに味わい深い山行となるでしょう。みなさんのそれぞれの楽しみ方を教えてもらいました。

山写真で思い出を残そう

「自分が見たままに撮る」というのは、目で見た風景をそのまま写すということだけをいうのでしょうか？　私が山で「写真を撮りたい」と思うのは、目だけでなく感覚全体で何かを感じたとき。その感覚も写真に取り込むことで、そのとき感じた何かを思い起こせるような写真が撮れます。その方法の一つが、「時間の流れ」を写真に入れること。

前を歩く友人。人だけでなく、夕日も取り込んで。

たとえば山で友達の写真を撮るとき。人物撮影はつい寄ってしまいがちだけれど、ちょっと引いて撮るだけで写真の世界はグッと広がります。後々、見返したときにその場所がわかるだけでなく、引くことでその場の光を感じられる写真になります。その光が、時の流れを表現してくれるはず。夕暮れをバックに歩く友達の写真は、山登りをした一日の行程すべてを思い起こさせてくれるでしょう。写真は一瞬のものだけれど、それは前後に流れる時間のなかの一瞬です。私たちはその流れに身を置き、山での時間を過ごしています。それを切り取る気持ちで写真を撮れば、そのときの感覚や時間、場所を回想できるような「思い出に残る山写真」が撮れるのではないでしょうか。（写真家／野川かさねさん）

オリジナルの山行記録

登った山の記録を詳細に残しています。山行中にコースの状態や注意点、見えた山などを手帳へ走り書きしておき、帰宅後にそれを記録ノートに転記したり、地形図や概念図へ書き込んだりします。これはガイド記事を書くためばかりではありません。手作業によって記録を残すことで、その山は自分の山となり、貴重な資料ともなります。また、注意点や反省点を振り返ることで、スキルアップや安全性を高めることにもつながると思っています。（山歩きライター／打田鍈一さん）

打田さんが書きためた数々のノート。スキルアップはもちろん、大切な思い出にもなっている。

高山植物の名前を覚える

山で見かけた高山植物の名前がわからないときは、デジカメ（携帯のカメラでもOK）で写真を撮っておきましょう。そのとき、全体像だけでなく、葉や茎、花の裏側、花のアップなど、その植物を分解するように写真を撮っておくことがコツ。家に帰ってから図鑑などで調べるときに、詳細がわかったほうが同定しやすいからです。図鑑を見てもわからないときは植物写真家いがりまさしさんのホームページ（http://www.plantsindex.com/）などにある、花の名前を教えてくれる掲示板を利用するのもおすすめです。（植物・自然写真家／高橋修さん）

図鑑でわからないときはインターネットで調べるのもよい。いがりさんのホームページには花が検索できたり、花の名前を教えてくれる掲示板もある。

似た花を咲かせる植物は多い。見分けが難しいミヤマダイコンソウも、葉を撮っておけば違いがわかり、同定しやすい。

春から秋、山はまさに豊穣の世界

春は山菜、秋は木の実にキノコと、山は自然の恵みにあふれています。特に山菜狩りやキノコ狩りを目的としなくても、正しい知識さえあれば、登り下りの途中で思わぬお土産ができたりして、登山がますます楽しくなることでしょう。そうした視点をもち、山に行くことで、山の恵みをいただけるのはもちろんのこと、山をとりまく自然全体が見えてきます。キノコを正確に見分けるには、木の知識が必要ですし、山菜を採るには、気候や地形のことも勉強しなければなりません。山菜やキノコをきっかけに、知識が増えることで、これまでなんの気なしに登っていた山の豊かさが見えてきます。

気をつけなければならないこと

国立公園内や私有地、または山の恵みを生業としている人たちが共有する入会地などでは、山菜やキノコの採取は固く禁じられています。今自分が歩いている山がどんな場所であるのかを、事前に確認しておくことが重要です。また、欲に負けてしまい「食べられそう」「おいしそう」だからと、中途半端な知識でむやみに採って食べてはいけません。恵みもある反面、有毒なものもたくさんあるため、誤食すれば死に至ることもあります。(編集者／タキザーさん)

春の里山ではノビルやセリ、カラシナ、ヨモギなどの野草などを摘んで。夏にはミズ(ウワバミソウ)、秋にはイグチをはじめとしたキノコや木の実など。しっかりした知識を身につければ、季節ごとの楽しみを山はもたらしてくれる。

いにしえに思いを馳せる歴史山行

街は数年で目まぐるしく変貌を遂げてしまいますが、山は大噴火など大きな天変地異がない限り、形が変わりません。つまり何百年、何千年にわたってそこにあり、先人たちも同じ風景を見てたはずです。織田信長は本能寺の変の数カ月前に初めて富士山を見たそうです。その信長に謀反を起こした明智光秀は本能寺攻めの是非を占うかのように、愛宕山の愛宕神社で大吉が出るまでおみくじを引いたのだとか。戦国きっての智将・直江兼続はたった数カ月で朝日連峰に軍道を拓かせました。坂本龍馬は妻のお龍を連れて高千穂峰へ登山。役小角が開いた修験の地・山上ヶ岳はいまも女人禁制です。山あればそこに必ず歴史あり。歴史や言い伝えなどを知ってから山に登ると、感慨深く感動もひとしおです。史料が乏しい所も多いですが、実際に現地に足を運び、自分なりの仮説を立ててたどってみると、謎解きのようで楽しめます。(ライター／須藤ナオミさん)

1霧島にある高千穂峰。龍馬とお龍もここを歩いた。ニニギノミコト天孫降臨伝説も。2山上ヶ岳にある女人結界門。3400年以上経ったいまも軍道の跡がうっすら残る朝日連峰。4本など足がかりに調べるといい。

みんなのアイデア

TIPS 70 デジカメ撮影でメモをとる

デジカメはディスプレイで画像が確認できます。そこで、家を出る前にガイドブックの必要箇所を写して情報を持ち運ぶのです。時刻表も同様。ぬらしたり失くしたりしやすい地図も複写しておくと、なにかあったときにも安心ですね。

撮影するとき、縦書きの文字は縦で、横書きの文字は横で撮っておく。こうするとディスプレイ上で見やすく、ボタン操作を減らして素早く確認できます。ディスプレイを長時間見ていると電池がすぐに減るので、この撮影方法は大切なポイント。僕は、この撮影した資料は帰宅しても消去しないで現地で撮影した写真とともに保存しています。山行の記録データとしても役に立つからです。(ライター／高橋庄太郎さん)

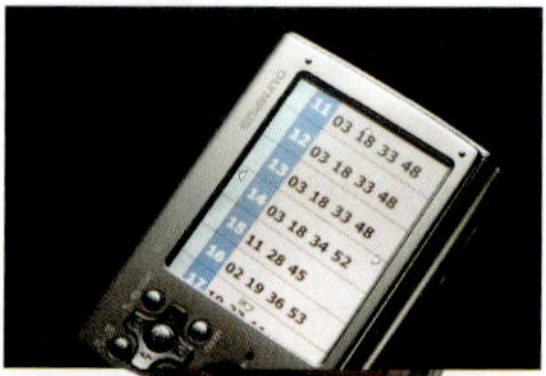

バスの時刻表や案内看板、地図など書きとどめるのにはちょっと難しいものは、パチリ！　携帯電話のカメラ機能でも充分に役割を果たせる。

名づけてなんでも“デジカメモ!”

デジカメは風景や思い出を収めるのが大きな役割ですが、考えてみるといろいろ活用できます。その場では名前がわからなかった植物は、写真に撮って自宅で調べることができます。また、デジカメは撮影時刻も同時に記録されるので、ログ代わりになります。メモが取りにくい環境でも一枚写真を撮っておけば何時に通過したかがわかります。デジカメでメモ、便利です。

高山植物、キノコや山菜。すぐに名前がわからないものは写真を撮る。行動中もこまめに写真を撮っておけば後でログになる。

TIPS 71

外付けポケットで出し入れをスマートに

行動中に何度も使うカメラや地図は、すぐに手が届く場所に保管したいものです。このとき、ウェアのポケットよりも外付けの小型ポケットが便利。

快適に使うには、自分の利き手に合わせた場所に取り付けること。利き手が右手ならば、体の左側のほうが自然な動きで手が伸ばせます。

体の動きに干渉する部分には取り付けないようにしましょう。腕や足に当たる部分に装着すると、ストレスを感じるばかりか、体力の消耗にもつながります。(ライター／高橋庄太郎さん)

市販のポケット。ザ・ノース・フェイス／サイドアクセサリーポケット

利き手の反対側に取り付けると、モノが楽に取り出せる(写真はサンプルで、実際の商品は一回り小さくなる)

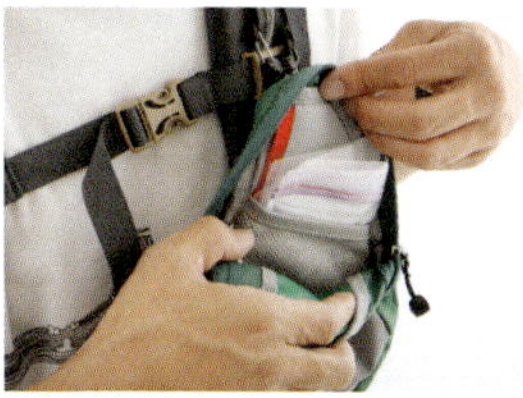

内側には防水性の袋を折りたたんで入れておき、降雨時は濡れると困るカメラをすぐ収納する

TIPS 72 ティッシュと除菌ジェルで清潔を保つ

洗顔、歯磨き、洗髪など、普段の生活では衛生面を水に頼るところがとても大きいものです。しかし山中で水は貴重です。沢など水が豊富にある環境ならまだしも、そうでないかぎり水は飲料水として確保しておきたいところ。だからといってトイレを済ませた後の手をそのままに食事や調理をするのは不衛生です。そこで、ウェットティッシュやハンドサニタリー（除菌ジェル）を活用すると水を使わなくても手を清潔に保てます。歯磨きは、歯磨き粉やうがいの水が少なくてもしっかりブラッシングすれば口腔内も清潔。唾液にはもともと殺菌作用もあります。顔を洗いたいときには、メイク落とし用のティッシュを使うとお肌はつるつるスッキリ。日中に塗った日焼け止めも落とすことができます。また、数日お風呂に入れない環境下にあるとき、赤ちゃんのお尻ふきで脇の下や股間、お尻を拭うだけでとてもサッパリ！　まるで風呂上がりのような気分になれます。

トイレ後や調理前にはウェットティッシュで手を拭いたり、ハンドサニタイザー（除菌ジェル）を使えば確実に除菌できる。

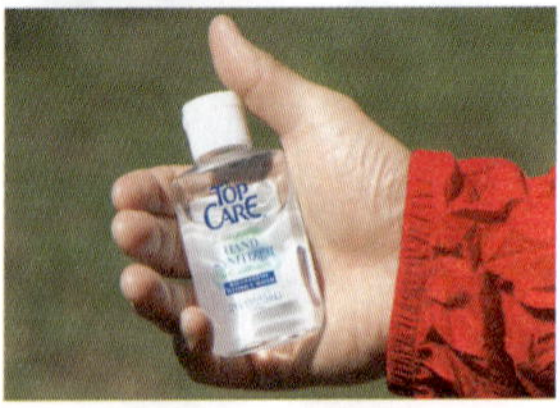

汚れたウェアはどうする？

未使用の着替えと、すでに着て汚れたウェアが混在しないように分けてパッキングしましょう。ひと目でわかるように、汚れ物は青、キレイなウェアは赤と言った具合にスタッフバッグの色で区別すると間違えません。夏場は汗をかき、シャツがびっしょりになってしまうこともあります。汗に濡れたまましまうと菌が急激に繁殖するので、濡れたウェアは可能な限り乾かしてから、ビニール袋やドライバッグに入れて他のウェアに影響がないようにします。また汗をかいた肌もそのままにせず拭ったほうが汗臭さも抑えられます。

TIPS 73 携帯ラジオで天気を把握する

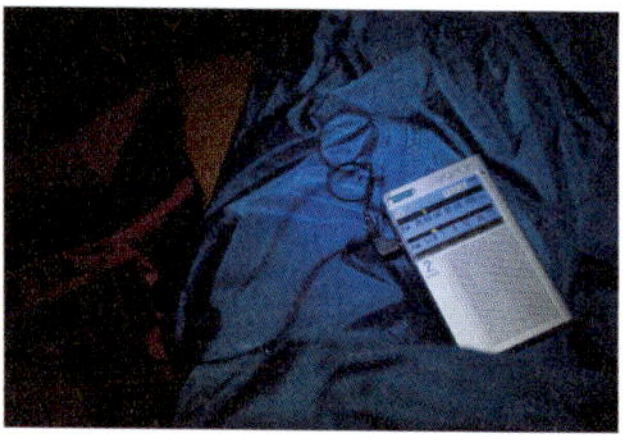

山行中も天気の移り変わりを把握できるようにし、行動予定に役立てましょう。携帯電話が圏内であれば天気図を見ることも可能ですが、小型ラジオを携帯してチェックするほうが確実です。NHK第二放送で気象通報が、9時10分、16時、22時と日に3度放送されています。山での行動時間を考えると、16時の回を聞くのがおすすめです。人恋しくなったときもラジオがあると心落ち着き、また楽しみにもなります。自動OFF機能が付いていれば、寝ながら聞いていても問題ありません。テントや山小屋など、周りに人がいるような環境ではイヤホンタイプがいいでしょう。

積極的なコミュニケーションで情報をGET

山では情報が得にくいものですが、目的地や天気といった行程に影響する情報は収集に努めましょう。山中の情報源はズバリ、他の登山者や山小屋、ラジオなどです。なかでもすれ違う登山者は、自分が向かっている方向から来るのですから、新しい情報を持っています。それは相手にとっても同じことです。水場で水は汲めたか、道の状態はどうか、そんな情報交換がとても重要。また山小屋にテレビがあれば天気予報をチェックし、スタッフにもアドバイスを仰いで、積極的なコミュニケーションで安全性を高めましょう。

Column

何はともあれ実践あるのみ

百聞は一見に如かずと、昔の人はよく言ったものです。ウェア、登山靴、ザック、テント、装備がそろい、心構えができたら、あとは習うより慣れろ、です。山の生活は「歩き、食べ、寝る」というとても単調なものですが、そのぶん深く掘り下げていく楽しみがあります。登山は学ぶべきことが多いので、いつまでも探求心は尽きません。同じ山でも季節を変え、登るルートを変えてみるとまた違った表情が見えてきて奥深いものです。自分なりの楽しみ方、スタイルを模索していきましょう。

計画や装備、天気、登山道の状態。本や雑誌、インターネットを駆使すればある程度山の概要をつかむことができます。しかし、どんなに入念な下準備をしても実際に予定通りにいかなかったりするのが山です。相手は大自然。こちらの思うがままにはなかなかいきません。何度も通い、少しずつ経験を積んでいくことが大切で、それにはある程度の時間も必要になります。経験に勝るものはありません。山は実に総合研究所のような所です。試し、学び、発見し、時には失敗し…。そうして経験を積むことで、単独行の喜びは深まっていきます。

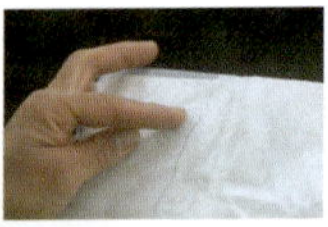

テントを背負って数日にわたる縦走などを経験すると、大きな山の懐に抱かれているような気持ちになる。山での行動・食事・宿泊の一つ一つを楽しみながら、身につけていきたいもの。

5 宿泊

S t a y

日帰りの山行に慣れたら、山に泊まってみましょう。
そうすれば、もっと広い範囲を歩けるようになります。
まずは山小屋、次にテント泊へと段階を踏むと
山の夜の過ごし方が無理なく身につき
それぞれの魅力を味わえるようになるでしょう。

まずは山小屋に泊まろう

2日以上の山に泊まる登山を始めるなら、まずは山小屋を利用するのが得策です。一口に山小屋といっても、その種類はさまざま。大別すると、営業小屋と無人小屋があり、初めは営業小屋に泊まるのがおすすめです。山小屋で過ごすのを目的に登山するのもいいでしょう。

まずは営業小屋へ

営業小屋は、期間内であれば山小屋のスタッフが常駐しています。寝具や食事の提供がある小屋がほとんどで、日帰りの装備にウェアなどを加えれば対応できます。荷物の負担が少ない上、山の状況についての最新情報も得られるので、単独でも安心です。慣れてきたら素泊まりにして、寝具や食事は自分で担いでくると、テント泊へのステップになります。

次に無人小屋へ

無人小屋はその名のとおり、誰も常駐していません。そのため、ひとりひとりがマナーを守って利用する必要があります。基本的にはテント泊と同じく、寝具や食事は自分でまかないます。無人小屋のうち、避難小屋は宿泊施設として作られたものではありません。初めから宿泊するつもりで計画を立てるのは控えましょう（P88、89）。

TIPS 74 目的の山小屋の開設期間や営業形態をチェックする

開設期間

山小屋のある山域の気象状況（降雪時期や積雪量など）、訪れる登山者の数、アクセス手段などによって営業期間が決められるため、山域ごとに傾向があります。たとえば、南アルプス南部では、主要登山口へ行くバスの運行期間は夏季限定。そのため、稜線上の小屋は7月中旬に営業を開始し、9月中旬に小屋閉めする所が多くなっています。

一方、一年を通じて登山者が訪れる福島県・安達太良山に立つくろがね小屋や、東京都最高峰の雲取山にある雲取山荘のように、通年で営業している所もあります。

山小屋の規模

施設ごとに異なり、収容人数が200人を超える大きな小屋から、数十人ほどの小ぢんまりした所までさまざま。北アルプスや八ヶ岳など登山者が多く集まる山域には、収容人数の多い山小屋が点在しています。

北アルプス北部・白馬岳の山頂直下にある白馬山荘。収容人数は800人で、山小屋では日本一のスケールを誇る。例年、ゴールデンウィークから10月中旬まで営業している。

南アルプス南部の光岳東方にある県営光小屋。収容人数は40人で、木々に囲まれた小さな小屋。営業期間は例年７月中旬から９月中旬。

福島・会津駒ヶ岳の池ノ平に立つ駒ノ小屋は収容人数30人の小ぢんまりした小屋。食事の提供はなく、素泊まりのみの対応だ。

奥多摩・雲取山の北700mに位置する雲取山荘。収容人数は約200人で、通年営業している。

食事提供の有無

営業小屋は食事付きで宿泊できる所が多いですが、食事の提供がなく、素泊まりのみの所もあります。山行計画を立てるときには、宿泊を予定している山小屋の営業期間や食事がとれるかを確認しましょう。（ライター／安武 大さん）

営業小屋を利用する

営業小屋利用のポイント

予約は必須ではないが、するべき

　山小屋は単なる登山者の宿泊施設ではありません。登山道の整備や救助活動を行なうこともあり、また、悪天候時には避難者を受け入れるシェルターにもなります。予約は必須ではないものの、山行計画に山小屋への宿泊があるなら、きちんと予約を入れるべき。

　また、キャンセル時は必ず連絡するのがマナー。連絡をしないと遭難と思われることもあり、山小屋の方のみならず多くの人に心配と迷惑をかけることになってしまいます。

混雑時期を避ければゆったり

　部屋はほかの宿泊者と一緒に利用するのが一般的で、畳の広間などに布団を並べて寝ます。日本アルプスの人気エリアにある山小屋では7月後半の海の日の連休や、紅葉シーズンの連休には混雑し、1枚の布団を2人以上で使用することも。そのため、混雑する時期を避けるのがゆったり過ごすポイントで、休みがとれるならば平日利用がよいでしょう。

山小屋も早着き早発ちが基本

　暗くなってからの行動は、たとえヘッドランプをつけていても道迷いなど遭難の危険が高くなります。また夏山の稜線では、夕方になると雷や夕立が多発するため、早く出て早く着くのが登山計画の基本です。宿泊予定の山小屋には、最低でも16時までには着くようにしましょう。万が一、遅くなる場合はキャンセルのときと同様、必ず連絡を。

　山小屋では、普段と同じ常識をもって行動したいものです。たとえば、朝早く出発するなら前日に準備を整え、周りで寝ているお客さんの迷惑にならないように静かに出る、など。大切なのは、気遣いと心配りです。消灯後に騒がない、自分のゴミは持ち帰るなど、山のルールは当たり前のことばかり。心遣いが、山小屋を快適にする秘訣なのです。

TIPS 75 荷物は次のことを考えて収納

相部屋では荷物をコンパクトにするために、使うもの以外はザックに収納します。このとき、次に必要となるものをザックの上部に入れておきましょう。たとえば、小屋に到着して必要なものをザックから取り出したら、就寝時に必要なものをいちばん上に、翌朝に使うものをその下に置いておきます。こうしておくとザックの中の荷物をすべて出さずに済み、効率的です。（ライター／安武 大さん）

TIPS 76 小物とひと工夫でリラックス

トイレを済ませる

混雑時には何十人もの人が布団をぴったり並べて寝ることになります。消灯後には部屋を出るのにもひと苦労するので、トイレは布団に入る前に済ませておきましょう。

安眠に役立つグッズ。左からインナーシーツ、耳栓、アイマスク。

アイマスクや耳栓で安眠を

翌日の行動に備えて、山小屋ではぐっすり眠りたいもの。でも、相部屋には大きないびきをかく人がいることもあり、周囲の物音がうるさく感じられ、寝つきの悪い人はますます眠れなくなってしまうこともあります。こうしたときに備えて耳栓を携帯しておくといいでしょう。また、相部屋では電気を自分で消せないので、明かりが気になることも。アイマスクなど用意しておくとスムーズに眠りにつけます。

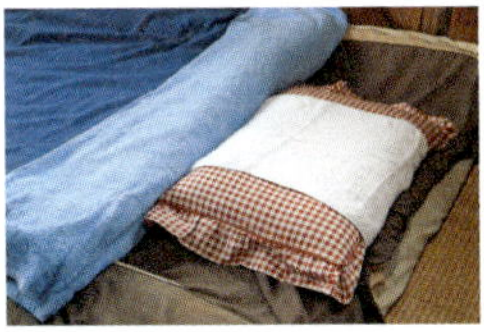

枕や布団の顔にかかる部分などにタオルをかけよう。

カバーで自分仕様の寝床に

天気のよいとき、山小屋のスタッフは布団を干し、できるだけ衛生的に保つように努めてくれています。とはいえ、もし布団や枕にカバーのないことが気になるようであれば、敷布団の上に大きめのタオルをかけたり、枕にタオルを巻いてカバー代わりにしましょう。シュラフ用のインナーシーツを持参しても。（ライター／安武 大さん）

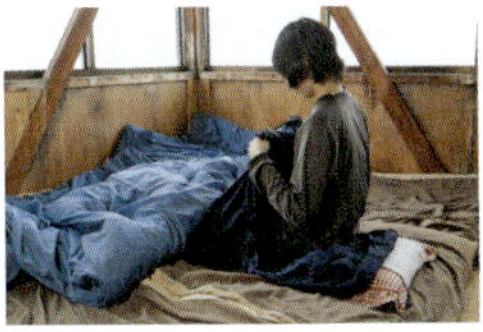

インナーシーツを使用した例。インナーシーツはシュラフカバーよりもコンパクトになり、携帯しやすい。

無人小屋を利用する

日帰りでの山行が難しく、周囲に営業小屋やテント場がないときは、無人小屋を利用することになります。時に生死に関わる状況で、避難を目的に使うこともあるかもしれません。火気の使用には充分注意し、使用後は清掃を。次に使う人のことを考えて利用しましょう。

TIPS 77 使用目的はさまざま。事前の下調べが重要

避難小屋とは、言葉どおり悪天候などの緊急時に危険を避けるために利用する無人の山小屋。一方で、管理人が常駐せず、各自で食材やコンロを持参し食事を作り、個人の寝袋で寝ることが基本の山小屋もあり、こちらは無人小屋と位置づけられます。つまり、避難用か宿泊・休憩用か、建てられた目的が大きく異なるわけですが、明確に区別できないものも少なくないので下調べが必要。国際山岳ガイドの近藤謙司さんによれば、「私の経験では、避難小屋は雷雲が来る時間帯にたどり着ける位置にちょうど設置されているような気もします」とのこと。本当に使いたい人が現われる可能性を考慮し、便利だからという理由だけで避難小屋を利用するのは、特に混雑する時期は控えるべきです。（ライター／片山貴晴さん）

避難小屋

新潟県・巻機山山頂直下にある巻機山避難小屋　丹沢・畦ヶ丸山頂の西にある畦ヶ丸避難小屋

避難小屋
鳥海山の唐獅子平避難小屋は多くの登山者が宿泊利用する無人小屋だ

TIPS 78 使うスペースは最小限に

営業小屋と違い、避難（無人）小屋はその多くが決して広いとはいえません。その理由は、大きな小屋を建てる充分なスペースがなかったり、環境保護の観点から、有人の営業小屋が建てられない所に作られることが多いからだとか。無人小屋を利用する際は、お互いが気持ちよく使えるよう個人のスペースは最小限に抑えるべきです。また、避難小屋は前述の理由から、宿泊場所として計画するのは控えましょう。（ライター／片山貴晴さん）

避難小屋ではスペースをとりすぎないように注意

単独のテント泊

テント泊は、装備や体力の負担が最も大きくなります。グループなら共同装備として分担できますが、単独行ではひとりで衣食住のすべてを背負って歩かなければなりません。基本的に誰かに頼ることはできませんが、そのぶん達成感はひとしおです。

一つ覚えておきたいのは、複数人用のテントを使っているグループに比べて、ソロテントは1人当たりのテント場占有面積が大きいことです。テント場が混雑しているときは要注意。必要以上にスペースを使わないなど、周りへの配慮も忘れないようにしましょう。

TIPS 79 徐々にレベルアップしよう

すべてを自分でこなす単独のテント泊は、精神的にも肉体的にも負担がかかるもの。山小屋泊と同じように、テント泊も段階を踏んで行なうことをおすすめします。

テント場の立地はさまざまです。よく整備された平らな場所もあれば、岩の転がる斜面のことも。樹林帯に守られるような所がある一方、開けていて、天気の影響を受けやすい場所のこともあります。ほかにも、水場があったり、なかったり。もちろん、標高にも差があります。

まずは登山口付近でテント泊、次に山中でベースキャンプを設けてピークへ、そして縦走へ。この順にテント泊を経験していけば、無理なくスムーズにレベルアップできるでしょう。

STEP 1 登山口付近のテント場

まずはテントの立て方や生活の基礎をしっかり覚え、テントに泊まることに慣れましょう。登山口付近にあるテント場なら、アプローチの時点で体力を消耗してしまうことがなく、余裕をもって準備できます。また、登山口付近のテント場はよく整備され、テントを立てやすいことがほとんど。いざとなれば、すぐに撤退することもできます。こういった過ごしやすい場所で、テント泊を始めるとよいでしょう。

北アルプス・徳沢キャンプ指定地（1560m）。上高地からほぼ平坦な道を歩いて約2時間

STEP 2 ベースキャンプからピークをめざす

次のステップは、山腹のテント場へ。頂上の近くにある、そこから複数の山をめざせるなど、山行の拠点として利用できるテント場を選んでみましょう。ピークをめざすときは、テントや調理器具などの重い装備を置いていくことが可能。連泊する計画なら、毎晩立て、毎朝撤収する手間もありません。頂上から下りてきてすぐに休むこともできるので、テント泊縦走に比べると、体力面での負担は小さいといえるでしょう。

北アルプス・涸沢の国設キャンプ指定地（2350m）。北穂高岳や奥穂高岳への拠点となる

STEP 3 いよいよ縦走へ

最後に、縦走へ。山行中は、すべての装備を携行しなければなりません。テント泊のなかでも最も負担が大きく、思うように足が進まないこともあるでしょう。また、体は重荷に振られやすいもの。日帰り山行程度の荷物ではそれほど問題がなくても、テント泊の装備を背負った状態で通過するのは困難な場所もあります。余裕を持って歩けるコース設定を心がけて、すべてを背負って歩き切る喜びを味わいましょう。

南アルプス・北岳肩ノ小屋付近にあるキャンプ指定地（3000m）。白峰三山などの縦走時に

テントの設営場所と設営方法

テントを張っていい場所とは？

日本アルプスや八ヶ岳など、夏山登山の主な舞台となる高山は国立公園に指定されています。自然環境保護のため、キャンプ指定地以外でのテント泊は非常時以外禁止です。

TIPS 80 設営場所に合わせて装備と心の準備をする

草地

山の麓や樹林帯に多い草地のテント場。風は山や森に遮られ、天気の急変も少なく最もくつろげる環境にあります。ペグも刺さりやすいので非自立式テントもチョイスでき、地面も軟らかく平らなのでスリーピングマットは薄いモデルで充分快適です。

稜線

標高が高く、風も強く、気温も低く、夏は落雷の恐れも。テント場としては、最も厳しい環境です。テントは自立式で、風を受けない最もミニマムなサイズを。ペグが効かないことを想定し、テントを石で固定するための細引きを用意しましょう。

ガレ場

石や岩が堆積している場所。森林限界を越えた斜面や鞍部などに多くあります。石を重りにしてテントを固定する技術が必要。スリーピングマットは厚めのモデルを選び凸凹に対処しましょう。テントを保護するグラウンドシートがあると安心です。（ライター／森山伸也さん）

TIPS 81 スリーブ式とフック式を立てるときの技

その1 スリーブ式 アライテント エアライズ1の場合

1 バサッとフロアを広げる

フロアの短い辺を持って本体を広げる。テントを張るのに、ガイライン(張り綱)も含めて充分なスペースが確保できるかを確認しよう。

本体やポールを取り出したあとの収納袋は、風に飛ばされたりしないように、すかさずパンツのポケットにしまうクセをつけよう。

2 ポールを組み立てる

ゴムひもで連結されたポールを2本組み立てる。風が強い所では、広げた本体が風に飛ばされる恐れがあるので1と2の行程を逆にすることも。

3 スリーブにポールを通す

2カ所のスリーブの入口から袋とじになっている隅へ向けて2本のポールを差し込む。スリーブの先までしっかりポールが入っているか確認する。

風が強い日は、スリーブが袋とじになった2カ所のフロア隅を風上にしてペグダウン。これで風に煽られない。

4 ポールを立ち上げる

ポールをぐいっとしならせてフロア隅についたハトメに、ポールの先端を差し込む。こうして立ち上げると一気に風を受ける。風下に立って行なおう。

テントが密集してポールを伸ばすスペースがないときは、折りたたんだまま、1カ所ずつ連結しながらポールをスリーブに差し込む方法もある。

5 フライシートをかける

テントの屋根となるフライシートの裏表を確認し、出入口に合わせてかぶせる。常に風上側に立ち、風上からかぶせ、風上から本体に連結していく。

6 バックルを留める

本体のフロア(メス)とフライシート(オス)についたバックルをカチッと2カ所留める。張りの調整はあとでやるので、ストラップは緩めておく。

7 本体とフライシートを合体

もう一方のフロア二隅はフライシートについたリングをポールの先に引っ掛ける。6のバックルのストラップを締め、張りを出す。

8 場所を決め、ペグダウン

天井部を持ち上げ、快適に寝られる場所を探る。斜面や凸凹が気になる人は実際に寝てみる。フロア四辺が、ビシッと張るようにペグダウンする。

9 ガイラインを張る

ポールが通るスリーブと連結したガイライン4本をフライシートの穴から取り出し、ペグダウン。テントの風に対する強度が格段にアップする。

フライシートと本体が触れ合っていると結露や雨のしみ込みで寝袋が濡れる。フライシートは4面しっかり張るのが大原則だ。

その2 フック式 ビッグアグネス フライクリークUL2の場合

1 本体を広げる

平らで、安全なキャンプ適地を見つけたらフロアの短い辺を両手で持って、本体を広げる。風が強い日は、フロア四隅すべてペグダウンしよう。

2 ポールをハトメに差す

Y字型に一体となったポールを伸ばし、3つの先端をフロアの連結パーツに差し込んで固定する。こうしてポールだけが立ち上がる。

3 本体をポールに吊り下げる

本体に付けられたフックを一つ一つポールに引っ掛ける。これで本体の立ち上げが完了。フライシートをビシッとかぶせて、ガイラインを張る。

(ライター/森山伸也さん)

テント生活術

快適なテント生活で単独行を満喫する

限られた装備をうまく使いこなすことで、不便な状況から快適な環境を作りだせるのがテント泊のおもしろさです。住環境を整え、テントの内外で心地よく過ごすコツを覚えましょう。

単独行では、テントの中は自分だけのプライベート空間です。「個室」であるテント内のレイアウトは自分次第。テントのタイプによってもレイアウトは異なるので、自分のテントに合わせて、一番使いやすい配置を考えるのも楽しいものです。快適な空間ができれば、よりリラックスでき、疲れの回復も早まります。万一雨で停滞しても、一日中くつろげるような空間をめざしましょう。

到着したらまず受付へ

テントを張る前に、テント場を管理する小屋に出向き、受け付けを済ませましょう。住所・氏名などを書き、1泊1人500円程度の料金を払います。領収書の代わりに番号や日付の書かれた札をもらうので、テントの出入口など見えやすいところにつけておきましょう。

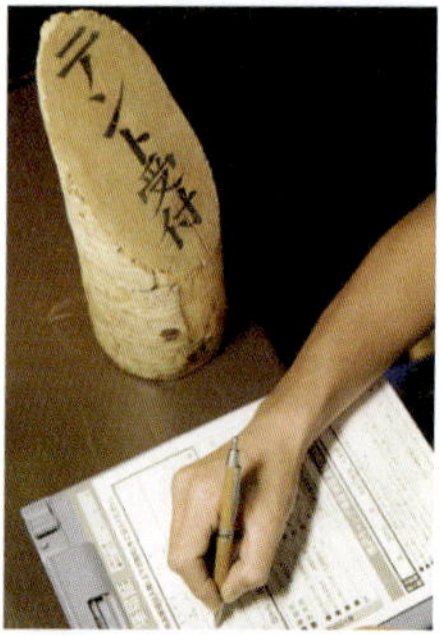

水は水場で

テント場にはたいてい水場が整備されています。蛇口をひねる水道タイプだったり、ただ岩の間から湧き出るワイルドなものだったりとさまざま。なかには煮沸を推奨する水場もあるので注意しましょう。水場がない稜線などでは山小屋で水を買うことになります。

テント内は生活しやすいレイアウトに

単独行で使うテント内は、何でも手が届くほど狭いことがほとんどです。そんな限られた空間を過ごしやすくするには、整理整頓が基本。スペースをより有効に利用するポイントを押さえておきましょう。地面の傾斜にもよりますが、基本的に寝袋は出入りしやすいように頭を入口に向けます。スリーピングマットは120cmのショートサイズを使用し、はみ出た足元にはバックパックを敷きましょう。枕元にはヘッドランプや水筒、ラジオ、腕時計、本などを置きます。

くつろぎアイテム座椅子

荷物は増えますが、これがあると山のなかでもっとくつろげ、食事もビールもおいしく感じます。就寝時は丸めて枕に。夏山なら広げてスリーピングマットの代わりにしてもよし。重量は400g程度。

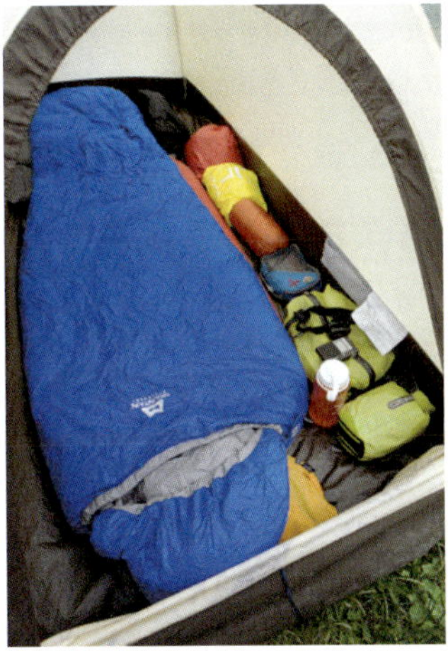

(上)レイアウト次第で、より居心地のよい空間に
(左)座椅子は座る以外にも活躍する

TIPS 82 結露は速乾性のタオルで拭く

体から発せられる熱や息がテントの生地表面で冷やされ、水滴となります。これがいわゆる結露というもの。テントに体が触れる度に、寝袋やウェアが濡れて不愉快極まりない。そんなときは速乾性タオルがあると便利です。こいつで水滴を拭き取ります。ギュッと絞ればすぐに乾くしね。(ライター／森山伸也さん)

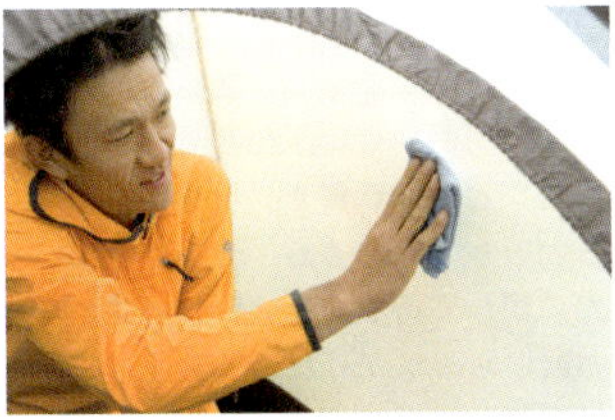

山で料理を楽しむ

山に合わせて食材とメニューを考える

高山のアルプスだったとしても、生ものは注意。1泊程度なら平気なものも多いですが、長い山行なら、乾物やパウチされたベーコン、いんげんやきゅうりなど日持ちする食材を使うとよいでしょう。テント場に停滞する場合は、涼しい場所へ食材を避難させます。夕日を見に行って戻ってきたら、地面の上で葉物の野菜が溶けていた……なんてことも。単独だからといって特に気をつけることはありませんが、食べたいものを、栄養に偏りなく食べるようにしましょう。酸っぱいものや辛いものは食欲が出るので、長期山行におすすめです。

軽さを求めるならフリーズドライがおすすめ

乾燥食品なので軽くて持ち運びに便利。湯を入れるだけで料理が完成する手軽さも利点です。炊き込みご飯やチャーハン、パスタ、おかず、汁物など、種類もいろいろあって楽しめます。ただし、体が疲れていると食べにくいと感じることもあるので、長期山行には食べ慣れた商品も選ぶと安心です。

TIPS 83 ひとりでもおいしく、豊かな食事を

私の山の食事の基本は、ひと工夫とひと手間かける、です。手間はなにも山中ばかりとは限りません。たとえば辛口のサケを一切れ自宅で焼いてアルミホイルで包んで持っていけば、2～3回分の食卓が豊かになります。レトルトの白米を使うなら、粉末の寿司の素で寿司飯ができるし、昆布の佃煮や刻み海苔、でんぶなどでちらし寿司なども作れます。ふりかけにもいいものがあるし、漬物を一口大に切って持つのもいい。いずれも軽いものばかりなので負担になりません。(ライター・カメラマン・渓流ガイド／高桑信一さん)

(上)レトルトの白飯が彩り豊かなちらし寿司に変身。味も変化があってグッドテイスト！　(下)質素な食事を豊かな食事に変える便利アイテム

おすすめレシピ

1 メイン:オニオンスープde簡単イタリアンリゾット
サイド:イカのおつまみで作るイタリアンサラダ

[材料]
メイン:ほうれん草、ベーコン、インスタントのオニオンスープ、発芽玄米ごはん(無印良品)、粉チーズ　**サイド:**セロリ、きゅうり、いかあしカルパッチョ(無印良品)

[作り方]
1.ほうれん草は自宅で切っておき、ベーコンはパックから出して切る。
2.湯にオニオンスープ、ほうれん草、ベーコン、発芽玄米ごはんを入れる。
3.塩こしょうで味を調えて、粉チーズをかける。

[サイド]
湯を沸かしている間に、セロリとキュウリを小口切りにして、ビニール袋に入れて塩こしょうでもむ。そこへイカのおつまみを入れてしんなりすれば、できあがり。

[ポイント]
無印良品の発芽玄米ごはんは、意外と軽くて山では便利。袋ごと温めれば、ただの玄米ごはんとしても食べられる。

2 メイン:キムチを入れるだけ! 韓国風雑煮
サイド:日持ち野菜でささっといんげんのごま和え

[材料]メイン:にんじん、にら、まいたけ、豚肉、卵、トック、キムチ、粉末だし、醤油　**サイド:**いんげん、ごま和えの素

[作り方]
1.湯に野菜、トック、キムチ、粉末だしを入れる。
2.煮立ったところに豚肉を加える。
3.醤油・塩・こしょうで味を調える。
4.火を止めて、卵を回し入れる。

[サイド]
野菜やトックを入れる前の湯で、いんげんをゆでる。2㎝くらいの斜め切りにして、ごま和えの素を絡めて完成。ゆで汁は韓国風雑煮に使えるので無駄なし。ごま和えの素が残ったら、雑煮の味の調整に使うとよい。

[ポイント]
豚肉は、醤油・酒・コチュジャンなどで下味をつけておくとよい。いんげんは日持ちする野菜なので、ラーメンやスープに大活躍。生卵はキッチンペーパーにくるんでカップに入れれば、割れることはほとんどない。

みんなのアイデア

山の夜に安らぎを

山に泊まるときは、それが山小屋でもテントでも、下界とは異なる環境で夜を過ごすことになります。大勢の見知らぬ登山者とともに一部屋で寝たり、外とは布一枚隔てただけの状況で、一晩中強風に吹かれたり……。そんななかでも翌日の行動に備えるためには、よりリラックスして、より深い睡眠をとりたいものです。

そこで、山の夜に安らぎを与えてくれるグッズをご紹介。みなさんのアイデアを参考に、いろいろ試してみるといいでしょう。いつも使っている枕を持っていかなくても、工夫次第で安らぎは得られるはず。あなたにとっての安眠グッズを見つけて、山の夜を快適に過ごしましょう。

TIPS 84 いびき対策と寂しさ対策はラジオがいちばん

周りに迷惑をかけないようにイヤホンでラジオを聞きながら寝ると、いびきもちょっとの雑音にしか感じません。いびき以外でも風の音など、僕は周りの音が気になってしまうたちなのですが、ラジオを聞いていれば眠れます。ちなみに僕のラジオは2時間たつと自動で切れるのでつけっ放しにはなりません。それと、以前、単独で4～5日山に入り、誰にも会わないことがあったのですが、唯一ラジオが友達で、スピーカーから聞こえる声に安心させられました。(ハイカーズデポスタッフ／長谷川晋さん)

安眠のための大事な相棒

TIPS 85 お気に入りのアロマオイルでリラックス&マッサージ

ほとんどの泊まりの山行にはアロマオイルを持参します。オイルは自分で調合するほど詳しくはないので「疲れに効く」とか「むくみを取る」などの効果をうたっている市販のものを購入しています。私は、ローズマリーやジュニパーが入っているのが好みですね。夜、お茶を飲みながら足をマッサージし、シュラフに入る前にもう一度。血行がよくなり、疲れが取れるだけでなく、ぽかぽかと体が温まり、寝つきもよくなると思います。(ライター・登山ガイド/柏澄子さん)

好きな香りを山行日数に応じた大きさの瓶に詰めて持つ

TIPS 86 タンパク質で夜中の寒さにさようなら

夜中に寒くて仕方がないときはプロテインを飲みます。タンパク質をとると、消化の過程で熱を発し、体温が上がるためです。ポカポカとしてきて、だんだん眠くなります。そのぶん防寒装備を軽量化できます。以前はつまみも兼ねてビーフジャーキーなどを持っていってましたが、プロテインバーなどの手軽な商品が出たため、それにスイッチ。その後、ホエイプロテインの粉末がいちばん効率がよく、コストパフォーマンスもいいとわかったので現在は粉のみです。(国際自然環境アウトドア専門学校講師/松井茂さん)

左から順に変遷過程を。ホエイプロテインはスポーツショップやドラッグストアで購入可

Column

単独行者のメンタリティ（宿泊編）

登山者にとって、山の夜は大事な休息の時間です。できるだけゆったりとくつろいだ状態で、体をしっかりと休めたいもの。そのためには、なるべく精神的によい状況でいられるようにすることが大切です。ひとりの時間をいかに味わうか。はたまたそこから抜け出して、誰かと過ごしてみるか。楽しみ方は、あなた次第です。

闇の深さを味わう

単独で山に泊まっていると、ふと不安な気持ちになることがあるかもしれません。にぎやかな山小屋やテント場ならいいでしょう。でも、そこがマイナーな山の避難小屋やテント場で、自分ひとりしかいないとなったら……暗闇のなかで、なんだか恐ろしくなってしまうときもあるでしょう。しかしその一方で、ひとりだからこそ闇の深さを味わうことができるのです。誰かに気を使うことも、いびきや話し声に悩まされることもありません。時に激しい風雨の音がするかもしれませんが、それは山に泊まる醍醐味でもあります。誰にも邪魔されず、山をひとり占めできる貴重な時間だと思って過ごしてみましょう。（編集部）

孤独な食事が嫌になったら

山小屋泊まりならみんなで食事をするので登山者との交流もできるでしょうが、テント泊で軽量化を優先させれば食事はつまらないものとなるでしょう。そんな時は食料を最小限にして、つまみを多めに持って小屋で買ったビールで楽しくやります。ほかのテント泊の人とお話ししたっていいし、小屋でビールを飲みながら山小屋泊まりの人と交流をしてもいいわけで、自分でいくらでも楽しくおもしろくしてください。（カモシカスポーツ／笹原芳樹さん）

ひとりがさみしくなったら、それは登山者と語らうチャンスかも。
山小屋のビールで、レッツ飲みニケーション！

6 緊急

Emergency

単独行で最も懸念されるのは、緊急時の対応です。
でも、山における危険はどんな登山者でも同じこと。
遭難を防ぎ、もしものときに対処する準備が大切です。
安全管理の方法を知り、緊急時に備えましょう。

安全管理の基本

単独行の心構え

一般的に、単独登山は推奨されていません。その理由の第一は、やはり遭難時の対応が難しいことが大きいでしょう。とはいえ、山にはひとりで登る楽しみもあるのは確かで、それゆえ単独で山を楽しむ人は少なくありません。

単独行は、技術・知識・装備の３要素をしっかりと成立させることができて、初めてそのスタートラインに立つ資格をもつもの。遭難に対するリスクマネジメントを考えるなら、基本に忠実にあることが大切です。

忘れ物をなくす

忘れ物をしないためには必ず「毎回」装備表を作り、「目で確認する」ようにします。単独行の場合、時によっては忘れ物一つでも致命的になります。たとえばヘッドランプを忘れたとき、パーティなら必要な所を交互に照らすなどして何とか対応できるでしょう。でも、ひとりの場合、テントで生活するにしても、下山が遅れて暗いなかを歩くにしても、真っ暗では身動きが取れません。単独で山へ行くときは、絶対に忘れ物をしないように気をつける必要があります。

すぐに捜索してもらうために

２章でも触れたように、周囲に人のいない場所でケガをした場合に、一つのキーになるのが登山届（計画書）を作成したかどうかです。登山届は、入山する山を管轄する警察本部の地域課か登山届提出所（またはポスト）へ提出し、家族や山仲間、勤務先などにも渡しておきましょう。そうした身近な人に渡しておくと、予備日を過ぎて山から戻らない場合には救助要請をしてもらえます。万一の場合に備える意味から、登山届にはなるべく詳しい行動予定（歩く予定のコース）を記入し、エスケープルートも必ず書き込んでおきましょう。

過信、油断、無理をしないこと

人間がミスを犯す動物である以上、遭難事故をゼロにすることはできません。しかし、事故を減少させることは可能です。遭難事故は、ふっと気を抜いたときによく起こります。たとえば転滑落事故は、危険箇所を通過した直後や、下山口まであと少しという地点で多発しています。また、ボーッと歩いていて分岐を見逃し、道に迷いそうになったというのもよくある話です。

自分の体力や技術に対する過信は、後で必ず「こんなはずでは…」という後悔をもたらします。悪天候下で計画を強行して遭難してしまった例も、数え上げればキリがありません。遭難する確率を下げるために、山では過信・油断・無理は禁物と常に心得ておきましょう。

道迷いを防ぐ

多くの場合、道迷いは分岐の見落としや勘違い、思い込みから起こります。それを防ぐため、出発前にはコースを確認する作業を必ず行ないましょう。迷いやすいのは、尾根が分かれる所、沢筋、広いガレ場など。ガイドブックなどの資料を見ながら、地形的に注意が必要な箇所を地図に書き込んでおくと、要注意箇所を事前に把握できます。

また、山行中はこの地図とコンパスをすぐに出せる場所に携帯し、常に現在地を確認しながら行動するのが大切です。こうした確認作業は、登山の基本ですが、ベテランこそ、基本を忘れないものです。

TIPS 87 何事も早めに行動を

ひとりで山を歩いているときにケガをして動けなくなったものの、携帯電話や無線機で救助を要請することができなかったとします。この場合は、通りがかったほかの登山者に頼んで山小屋や最寄りの警察などに救助を要請してもらうことになります。もし自分がそのコースを歩くその日最後の登山者だったらほかの人へ救助要請を頼めないので、単独行の場合にはなるべく朝早く出発するなど、ほかの登山者よりも早め早めの行動を心がけたほうがよいでしょう。(ライター/安武大さん)

遭難したらどうする？

いくら安全管理を行なっても、残念ながら遭難の可能性をゼロにすることはできません。もし道に迷ったら、ケガをしたら……遭難時にとるべき行動のポイントを押さえ、落ち着いて対処しましょう。

道に迷ったら

道迷い遭難は、転滑落や落石のように突如として襲いかかってくるものではありません。行動中に「あれ、おかしいな。この道でいいのかな？」と不審に思いながらも前進し続け、ある時点で「マズい。道に迷った」と認識するケースがほとんど。不安感からプチパニック状態になりがちですが、落ち着いて冷静に判断するのが重要です。間違っても「このまま行けば下りられるだろう」などと考えてはいけません。

1 地図をチェックする	2 周囲の地形をよく観察する	3 たどってきたルートを引き返す	4 正しいルートに合流する
気持ちを落ち着けるため、水分や行動食をとってひと息。冷静になったら、地図で最後に現在地を確認した地点をチェックし、どちらにそれたのか考えてみる。	周囲の地形をよく観察し、地図と照合して、現在地の見当をつける。近くに見通しのきく場所があれば、地図とコンパスで、目標物から割り出すことも可。	現在地の見当がつくにせよつかないにせよ、ルートを引き返す。行けそうだ、と前進しないように。特に沢筋は要注意。「沢を下って転滑落」が道迷い遭難の典型例。	ルートを忠実に引き返せば、どこかで必ず正しいルートに合流する。どうしても戻れない場合は救助要請。その後は動き回らず、安全な場所で救助を待つ。

ケガをしたら

登山中のアクシデントには、自分で対処するのが原則です。しかし、そうはいっても山の中でできることには限界があります。自己責任だからと無理した結果、社会復帰するのに時間がかかってしまったり、後遺症が残ってしまったり、最悪亡くなってしまったりしたのでは、元も子もありません。そこで重要になってくるのが、どこまで自分で対処するかという判断です。たとえ軽症に見えたとしても、場合によっては大事をとる判断も必要です。まして自分の手に負えない、自力救助するには時間がかかってしまうと判断したなら、迷わず早急に救助を要請しましょう。救助隊の到着を待っている間には、応急手当てをしたり保温したりして、様態がそれ以上悪化しないようにすることが大事です。

1 安全な場所へ移動する	2 ケガの応急手当をする	3 自力下山する	4 救助を要請する
負傷したら、周囲を確認。可能なら、落石や転滑落などがない場所へ移動する。	安全な場所で。同時にケガの具合や天候、地形、山小屋までの距離などを考える。	ケガが大したことなく、かつ山小屋や下山口が近いのであれば、自力下山する。	2の時点で自力下山が無理なら、救助要請を。遭難場所や現状、名前を伝える。

諦めない

遭難してしまっても、諦めないこと。自分は助かると言い聞かせて、ただひたすら待つことです。救助隊が来ると信じて諦めないためにも、登山届を出したり、行き先やコース、帰りの予定を家族にしっかり伝えてあることが重要なのです。

TIPS 88 自分の居場所を伝える

救助要請は110番でもよいですが、管轄の警察署に通報したほうがスムーズに救助が開始できる場合が多いです。また、近くの山小屋への連絡も有効です。電波や通信機器がなくても完全に諦めることはありません。緊急時における現在地の伝え方を覚えておきましょう。

GPS機能付きの携帯の場合、山域にもよりますが、電話が通じればわりと正確な位置情報が得られるから、その場で待っているのが得策。GPS機能が使えない場合もあるので、自分がどこで滑落したのかや、方角的にどちらの沢へ、どのくらい下りたかなどを救助隊に説明できるといいですね。（八ヶ岳青年小屋／竹内敬一さん）

携帯の電波が通じなくても、とりあえず家族などに遭難したことを伝えるメールを打っておくのも手。たまたま電波がつながった瞬間にメールが送られて、捜索が開始されて助かったという事例もあります。また、せっかく電話が通じたのに、電池が途中でなくなって位置が特定できず、亡くなってしまった残念な例も。電池の予備は必須ですね。（ライター／羽根田治さん）

居場所を知らせるには、火を焚くのもいい。暖がとれるし、焚火のにおいで場所を特定できた事例もあります。ライターやマッチは持っておくべきです。（青梅警察署山岳救助隊元副隊長／金 邦夫さん）

必携の安全管理グッズ

もしものときに備えて持っておきたい安全管理グッズ。必携なのは、アクシデントが発生したときに役立つもの。つまり、行動不能になったときの「救助要請」や「ビバーク」「栄養補給」、病気やケガの「救命救急」に必要なものです。ここでは、栄養補給（非常食）を除く３つについて紹介します。携行するグッズの使い方もしっかり覚えておき、最低限の対処はできるようにしておきましょう。

TIPS 89 持っていると心強い味方となる用具たち

救助要請

現在、救助要請に最も使われている通信機器は携帯電話です。警察庁生活安全局地域課の資料によると、2012年に起きた遭難のうち、68.5％は携帯電話から救助要請されています（ちなみに、無線からは1.0％）。携帯電話でスムーズに現状を伝えるためには、電波が届くことと充分なバッテリー残量が必要です。ホイッスルは、自分の居場所を伝えるのに役立ちます。

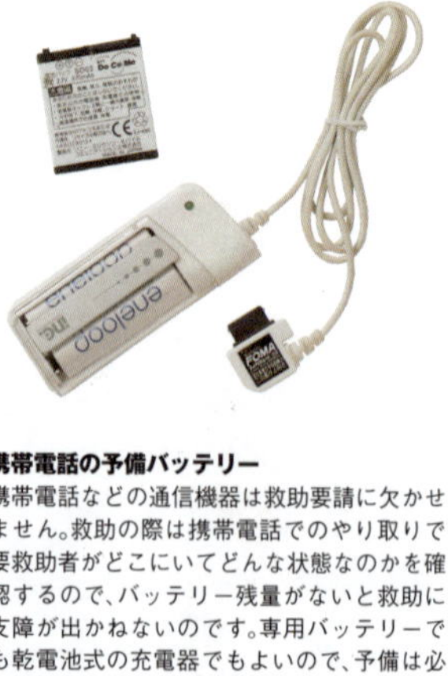

携帯電話の予備バッテリー
携帯電話などの通信機器は救助要請に欠かせません。救助の際は携帯電話でのやり取りで要救助者がどこにいてどんな状態なのかを確認するので、バッテリー残量がないと救助に支障が出かねないのです。専用バッテリーでも乾電池式の充電器でもよいので、予備は必ず持ってほしいですね。（八ヶ岳青年小屋／竹内敬一さん）

ホイッスル
人間の声は声量にも持続性にも限界があるので、レスキューのために所在を知らせるのにホイッスルは大変役立ちます。僕の場合は、沢音がうるさい沢登りや強風時の雪山などで、コールとして使うことがメインですが。最近は都市でも災害に備えて持ち歩く人が増えているそうです。（写真家／星野秀樹さん）

ビバーク

ツエルトはポールや張り綱があれば簡易テントとして利用できますが、エマージェンシーシートと同じように、寒さをしのぐためにそのままかぶっても使えます。エマージェンシーシートはアルミが蒸着されたシートで、保温性や防風・防水性を備えています。ヘッドランプはどんな山行にも必携。ビバーク時に限らず、暗闇で行動するときに役立ちます。

ツエルトとエマージェンシーシート

季節や場所にかかわらず持ち歩きたい基本セット。ツエルトで風雨を防ぎ、エマージェンシーシートで防寒・保温を。秋の南アルプスで、ヘッドライトで下山中に道を迷いビバークしたときは、これらを持っておらず、ザックに半身を入れ、新聞紙を体に巻いて震えながら一夜を過ごしました。（山岳写真家／中村成勝さん）

ヘッドランプ

ヘッドランプを持っていない登山者が日没後に歩けなくなり立ち往生する、という話をあちこちの救助隊で聞きます。日帰り登山でも、ちょっとした遅れにより日没になってしまうことがあります。小型のものでもかまわないので、登山用のヘッドランプは必ず持っていくべきです。（ライター／羽根田治さん）

寒いときにはツエルトをすっぽりかぶって休憩してもよい

救急救命

ファーストエイドキット

常備薬のほか、絆創膏や鎮痛剤、三角巾などを用意しましょう。三角巾は包帯代わりや患部の固定などに使え、重宝します。また、飲料として水を持っていると、ケガをしたときに傷口を洗うのに使えます。（ライター／安武大さん）

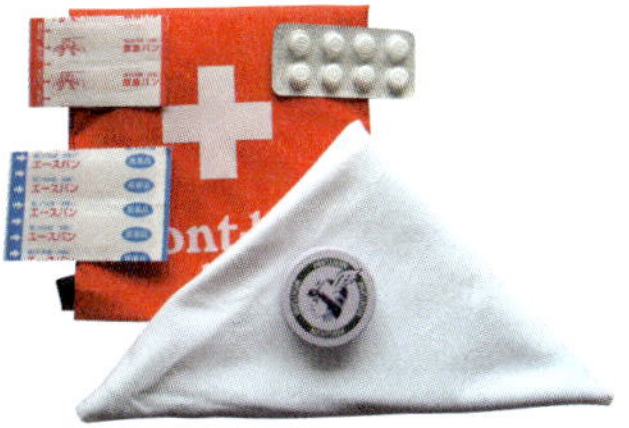

保険に入ろう

単独行は捜索費用が高額になることも

単独行は、ケガで済むような滑落であっても、発見されずに亡くなる可能性が高いもの。なぜなら、滑落などの現場を見ている人が少ないので遭難場所を特定できず、迅速に救助できないことが多いからです。それは同時に、遭難捜索費用が高額になることでもあります。ほかにも単独行遭難の場合、捜索費用をすべてひとりで負担するため高額になってしまう傾向があるのです。そのため、遭難捜索については補償金額が高いほうがベター(そのぶん保険料も高額ですが)。そして、万が一遭難しても残された家族に多額の費用負担をさせないためにも、山岳保険の加入と併せて、捜索の手がかりとなる登山届を提出しておきましょう。

TIPS 90 自分の登山に合った保険を選ぶ

保険会社や共済会などは登山を主に「ハイキング・軽登山」と「山岳登攀」に分けています。「ハイキング・軽登山」は雪のない一般登山道を行く程度で、通常の旅行と同じ程度の安全度。「山岳登攀」は「ピッケルやアイゼン、ロープ、ハンマーなどの登攀用具を使用する登山」とされることが多く、「ハイキング・軽登山」に比べるとはるかに危険度の高いものと位置づけられています。こういった登山をする場合は「山岳登攀」タイプに加入しましょう。

保険や共済、同等の制度に加入するときは、登山形態のほか、契約期間や扱う企業(団体)、補償内容もチェック。期間は山行の都度契約する「1回かけ捨て」と、「年契約」のものがあります。保険料や補償内容がさまざまなので一概にはいえませんが、年間7～8回、日帰りや1泊2日程度で山行するなら、「年契約」がおすすめです。

保険を扱うのは民間企業や山岳団体。民間企業はユーザーのニーズに応える商品を種々取りそろえています。山岳団体が扱う共済は、団体への加入や年契約が必要な場合がありますが、講習会や情報発信など、補償以外の部分も見逃せません。

補償の内容としては、捜索救助費用の補償がついているか、死亡後遺障害、入院・通院補償、また凍傷や高度障害などの病気による遭難にも対応するかなどがポイント。また、最近では捜索救助費用だけに特化した保険や同様の制度もあるので、既入の保険と組み合わせて利用するのもいいでしょう。(ライター／佐藤慶典さん)

タイプ別のオススメ山岳保険＆遭難対策制度

中高年

一般登山道を行く山行を年間に10〜15回程度。冬山はやりません。

「年契約のハイキング・軽登山」
タイプに加入

登攀を伴うような登山はしないのが前提。もし、難易度の高いコースやヤブ山をやるようであれば保険会社に確認を。心配なら「年間契約の山岳登攀」タイプに加入しましょう。

山ヤ志望

年間を通して登山。一般登山道だけでなく、バリエーションも行きます。

「年契約の山岳登攀」
タイプに加入

「山岳登攀」タイプがおすすめ。捜索救助費用がかさむことが予想されるので捜索救助費用補償が手厚いものを。既入の保険に捜索救助費用に特化した保険をプラスする方法も。

山ガール

既入の保険で傷害はカバーされます。年間7〜8回トレッキングに。

「捜索・救助費用に特化」
タイプに加入

生命保険や傷害保険など、すでに加入している保険があれば（保険会社に要確認）、捜索救助費用に特化した企業あるいは山岳団体の保険・制度をプラスするといいでしょう。

山岳保険・共済リスト

木村総合保険事務所／山岳登山の総合保険など
☎0480-21-7585　http://kshj.co.jp/

NTTドコモ／スポーツ・レジャー保険
0120-141-458
http://onetime.nttdocomo.co.jp/
/n/rd/?type=sports&an=mountain1403

日本山岳救助機構（jRO）／山岳遭難対策制度
☎042-669-5330（セブンエー内）
http://sangakujro.com/

日本勤労者山岳連盟／労山新特別基金
☎03-3260-6331　http://www.jwaf.jp/fund/

日本山岳協会／山岳遭難・捜索保険
☎03-5958-3396　http://sangakukyousai.com

JIN（ジェイアイエヌ）／山岳保険・ハイキング保険
0120-012-840

日本費用補償少額短期保険／レスキュー費用保険
0120-970-510　http://www.nihiho.co.jp/

セブンエー／山岳ガード・クライミングガード
☎042-669-5330　http://www.e7a.jp/

三井ビューロー／山岳保険・ハイキング保険
☎03-3755-9718　FAX045-758-7980

モンベル／野外活動保険・山岳保険など
☎06-6538-0208　http://hoken.montbell.jp/

みんなのアイデア

さまざまな分野で活躍する山のプロに、緊急時に備えて携行しているグッズを聞いてみました。緊急時専用のものもありますが、アイデア一つで日用品も立派なエマージェンシーグッズに変わります。なお、これらは持っているだけではなかなか使いこなせないもの。救急法やセルフレスキューなどの講習会で実技訓練をして、非常時に備えておくことも大切です。

TIPS 91 おすすめのエマージェンシーグッズ

ビニールテープ

肌が濡れているとテーピングは粘着力が落ちてつきにくいのが難点です。そこで、負傷部分の固定や止血には、濡れていても貼れるビニールテープを愛用しています。どこでも入手できて、登山用具の補修などにも使えます。（カメラマン／亀田正人さん）

ウール混紡のアンダーウェア

夏でも冬でも日帰りでも、ウール混紡のアンダーウェア上下を防寒着とセットで必ず持っていきます。シーズンに関係なく、どうせ予備でウェアを持つなら、濡れても暖かいウールがいいと思っています。これにツエルトをプラスすれば、想定外のビバークにも役立つはずです。（国際自然環境アウトドア専門学校講師／松井 茂さん）

結束バンド

バックパックのバックルはプラスチック製なので、割れてしまうと修復は不可能。オスメスが連結できなくなってしまったら、コイツで無理やり固定します。こうした修理は、針金でも可。結束グッズは使い道が多く、ダクトテープも必携です。（ライター／森山伸也さん）

ハンディGPS

マップ表示型・タッチパネルのハンディGPSを一年を通じて使っています。夏の登山はもちろん、ホワイトアウトの危険があり、移動速度の速いバックカントリーでは必需品です。過去に自分が登ったルートや、滑ったラインを正確にたどれるので、二度目に登るときにも便利です。(マムートPR／西川由美子さん)

メタ

いつもメタを持参します。以前、バーナーが壊れてしまい、3～4人の仲間が全員メタを持っていたのでそれでお米を炊いたこともありました。それほど重くないので、緊急用にいつでも火が使えるように、保険という感じもありますね。(ライター・カメラマン・渓流ガイド／高桑信一さん)

鏡

ヘリでの捜索は樹木などにさえぎられて、遭難者からヘリが見えてもヘリからは見つけられない、というケースもあります。鏡で太陽光を反射させるとかなり目立つので、緊急時に居場所を伝えるときに使えます。また、銀色のエマージェンシーブランケットを振るのも効果的です。(青梅警察署山岳救助隊元副隊長／金 邦夫さん)

オールウェザーブランケット

日帰りのハイキングでも必ず持っていくのがオールウェザーブランケット。アルミ蒸着で防水性もあるので、ビバーク時に体を包むこともできるし、ハトメが打ってあるのでタープのように屋根としても使えます。敷物やシュラフカバー代わりなど、普段から活用しています。(ワイルドワンふじみ野店店長／田辺 剛さん)

馬用バンデージ

馬の脚に使うテーピングです。私が使っているのはホースラップというテーピングですが、粘着力が落ちにくいので2～3回なら再利用可能です。テーピングとして負傷箇所を固定するのはもちろん、弾力包帯、サポーター、シップ留め、いろいろな使い方ができます。(国際山岳ガイド／角谷道弘さん)

大きなザックカバー

エマージェンシーグッズではありませんが、カメラザックのザックカバーは大きいので、いざというときはツエルト代わりになります。ほかにも、ストック2本＋雨具やシュラフカバーなどがあれば簡易担架もできます。緊急時には何事も臨機応変に対応することが大切だと思います。(写真家／渡辺幸雄さん)

Column

単独行者のリスク

パーティより死者・行方不明者の割合が多い

警察庁統計によると2012年の山岳遭難における死者・行方不明者は284人。うち単独行者は149人でした。単独による死亡事故(行方不明を含む)は全体の約52%に及びます。半数以上という数字に誰もが多いと思うでしょう。

2012年の遭難状況

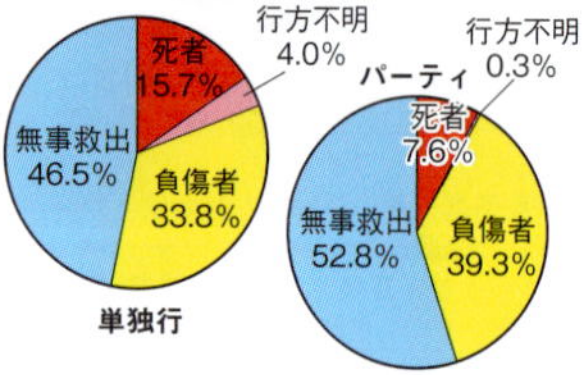

警視庁生活安全局地域課資料より

また、右のグラフは、同年の事故発生状況をまとめたものです。パーティ(2人以上)の場合の死亡・行方不明者数は全体の7.9%であるのに対して、単独では19.7%。ショッキングなデータではありますが、パーティ山行に比べ、単独行は致命的事故が2.5倍も多いのです。

自己完結していて、ほかの人を頼れない

まず、ひとりの場合は事故に気付いてもらえず、発見の遅れによって致命的事故につながることが考えられます。複数人数でいれば、少なくとも事故が起こった場所がわかるので、単独よりは早期の発見となるでしょう。

人は注意しているつもりでも「気が緩む」ということがあります。たとえば勘違いして道を間違えたとします。一緒に歩いている人がいれば、まず初めのミスで気付き、正しいルートに戻れるでしょう。しかし、単独の場合、この道が正しいと思い込んで進んでしまい、気付いたときには戻るのがおっくうなくらい来てしまっていることも。道に迷ったら戻るのが鉄則だと知っていても、「自分ならなんとかできる」「このまま行っても大丈夫だろう」という甘い考えが働いて、どんどん迷い込み、最後には崖から転落……というように、一つのミスが次のミスを生んでいきます。ひとりだと、普段では考えられないような判断ミスをしてしまい、事故に至ることも少なくありません。

また仲間がいれば、意見を出し合ったり、励まし合ったりと、メンタル的に支え合うことができます。ほかにも、自分が持っていなかった医薬品を分けてもらう、自分の携帯電話はつながらなくても仲間のものはつながるなど、物質的に補充し合える可能性も高いです。

パーティでも、リーダーが誤った判断をすれば一度に大勢の死亡につながることも考えられるので、単独だけがリスクが高く、パーティなら安全だとは一概にいえません。ただ、少なくとも単独行ならではのリスクがあることは知っておきたいものです。

1 ケア&トレーニング

Care&Training

山に登ると、どうしても体に負担がかかるもの。
しかし、単独行の体のトラブルは
深刻な事態に発展しかねません。
登山前や下山後、ひいては日常における
ケアやトレーニングで、そうしたリスクを軽減できます。
そう、登山は下界から始まっているのです。

下山後のケア

下山したら、翌日からは日常のハードワークが待っています。だから、ダメージには早々に退散してもらいましょう。疲れていても、下山後のひと手間を習慣にしたいものです。

むくみには水分と軽い運動を

むくみの原因は脱水。不思議な気はしますが、これは体の防衛本能が働いているからです。汗や呼気などで排出された水分より摂取した水分が少ないと、不足に備えて体が水分を蓄えてしまいます。つまり、無意識に体が備蓄体勢に入るのです。その証拠に下山後、水分を充分にとっていると、2～3日で体が安心して水分を排出し始めます。

下山後はしっかり水分をとりながら軽い運動をしましょう。ウォーキングや軽いジョギングで筋肉のポンプ作用をうながして、体にたまった水分を排出します。筋肉痛などで動くのがつらいときは水中ウォーキングを。体への負担が軽く、水圧の効果も得られます。

TIPS 92 筋肉痛対策に、下山後の温泉で温冷交替浴を

筋肉痛にはストレッチも効果的といわれますが、筋肉のダメージが大きいと効果が得にくいもの。下山後はまず、温泉で温冷交替浴をしましょう。

まず水風呂で脚を冷やし、温かいお湯に入ります。この繰り返しを2～3回。すると、冷浴で収縮した血管が温浴で一気に開いて、血流がよくなります。回復に必要な栄養素を運ぶのも、疲労物質や老廃物を排出するのも血液。その流れがスムーズになります。冷浴にはアイシング効果もあり、一石二鳥です。帰宅後も筋肉にほてりがある場合はアイシング、張りを感じる所は軽くストレッチをしておきましょう。(スマートコーチング／安藤隼人さん)

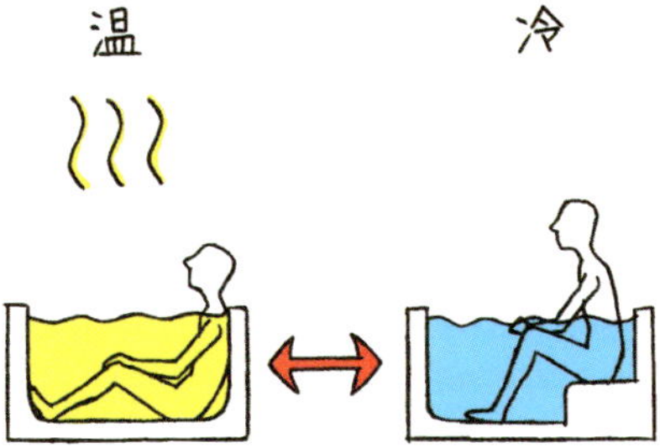

冷浴は半身浴で、脚の感覚が鈍るくらいまで。温浴は半身浴・全身浴どちらでもOK。芯まで温まろう。これを2～3回繰り返す。温浴で血圧が下がり、立ちくらみが起きることもあるので注意。また、温浴の代わりにサウナを利用するのは、脱水になるのでNG。

TIPS 93 痛みは冷やして安静に

膝・肩・腰

膝痛に悩む登山者は多いでしょう。原因は、不適切な角度で半月板に衝撃がかかったり、疲れて硬くなった筋肉が関節との接点にある靱帯を引っ張ったりして炎症を起こすこと。

腰痛の原因は、前屈みで頭が下がった姿勢。バランスをとるために腰の筋肉を使って、張りや痛みを引き起こします。肩の痛みはバックパックの荷重が腰に乗らず、肩への負担が大きくなっていることが原因です。

どの痛みも、冷やして2～3日安静にするのが基本。この期間はストレッチやマッサージも避けます。下山後、長距離を移動する場合は腰枕を使うなど、痛まない姿勢を工夫しましょう。ただし、明らかな腫れがある場合や、痛みが1週間以上続くときは病院へ。

休憩ごとに腕や腰をクルクル回すと痛みの予防に。帰路の移動では、痛みをやわらげる、ラクな姿勢を心がける。フリースやダウンなど、ウェアを丸めて腰枕やネックピローに。ウォーターパックに冷たい水を入れて使うと、アイシング効果あり。

日焼け

日焼けは皮膚の表層に起きた軽度のやけど。赤くなってヒリヒリするときは、冷やして熱を冷ますしかありません。そして、次の山行からは必ず日焼け止めを。曇りでも日焼けするので油断なく。汗をかいたら塗り直しましょう。また、サングラスで紫外線から目を守りましょう。山で目が充血した経験がある人は、特に注意。冬は雪盲にならないよう気を配りますが、夏は無頓着になりがち。一年中、ケアするのがベターです。（スマートコーチング／安藤隼人さん）

ストレッチ

強い筋肉とは、太くてよく伸び縮みする筋肉のこと。筋肉の可動域を広げるために、ストレッチは習慣にしたいものです。行なうときは、使う筋肉を意識するのが大切。ウォームアップとクールダウンのため、トレーニングの前後にするとよいでしょう。

TIPS 94 トレーニング効果を上げるストレッチ

尻・もも

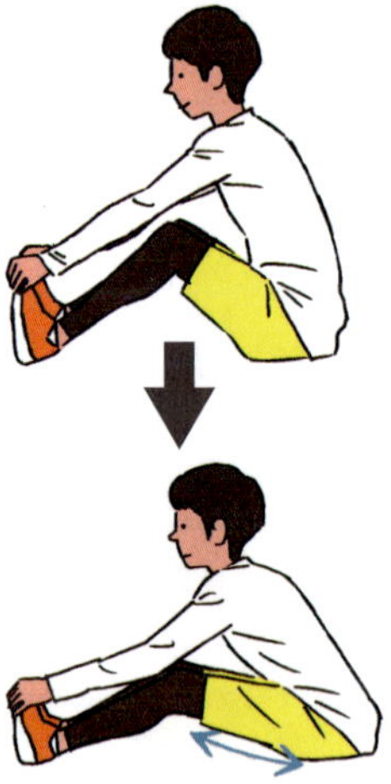

もも裏側と臀筋群のストレッチ。長座からももが胸につくまで脚を曲げ、つま先をつかみます。ゆっくりと脚を前に出していくと尻の後ろが伸びます。胸を張って背筋を伸ばすことがポイント。腰が後ろへ抜けていると意味がありません。

尻

尻の筋肉を構成する群の一つ、臀筋のストレッチ。足を90度に固定して、みぞおちを膝のあたりにつけるイメージで上体を倒します。後ろ足は曲がっていてもいいですが、伸びているほうの尻が床から離れないように注意します。

股関節

内転筋を伸ばすストレッチといえば、長座から広げた脚の間に体を倒すのが一般的。でも、股関節だけを意識するのはなかなか難しいです。膝立ちから股を広げたこの姿勢でなら、膝から下に余計な力が入りません。つま先の脱力がポイント。

腸腰筋と大腿直筋のストレッチ。足を前に踏み出し腰を落とし、軽く腰を押します。視線は上向き。腸腰筋は背骨・骨盤と脚をつなぐ筋肉で、股関節を曲げるときに使用。大腿直筋は大腿四頭筋の一つで、股関節でももを屈曲させる働きを担います。

股関節のインナーマッスル

大腿骨の上部外側にある大転子回りのインナーマッスルのストレッチ。骨盤を寝かせ、伸ばすほうの脚を90度くらいに曲げ、内側に倒します。大転子がねじられ、周りの筋肉も伸ばされます。尻が床から離れないよう注意。

下腹部

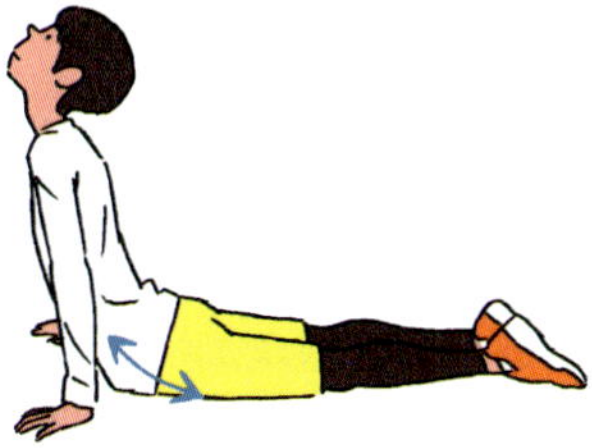

腹筋群の下部にある筋肉のストレッチ。肩幅くらいに開いた両手で上体を支え、両脚は後ろへ。肩の力を抜いて、視線は上げます。全身が脱力できていないと腰に負担がかかってしまうので、リラックスすることが大切。無理に伸ばさないこと。

(スマートコーチング／安藤隼人さん)

日常でのトレーニングと心肺機能強化

快適な山歩きは普段のトレーニングから

山に登ると息切れするし、下山すれば筋肉痛……登山は楽しいものですが、そんな苦しみに悩まされることもあります。

もっとラクに楽しく登りたいなら、日常生活にトレーニングを取り入れてみましょう。まずは、重心とテンポを意識した“山の歩き方”を身につけること。これだけで、登山は格段にスムーズになります。筋トレやランニングは、基礎を固めてから取り入れたほうが効果も出やすいのです。

TIPS 95 登山に適した歩き方で筋肉痛を軽減する

“筋肉痛対策のトレーニング＝スクワットじゃないんだ”と思った人も多いでしょう。8時間登山する筋力を、一日数分の筋トレでつけようとしても、筋肉を動かす回数と時間が圧倒的に違うので追いつきません。スクワットがまったく無駄というわけではありませんが、その前にやっておくべきことがあるのです。

静荷重・静移動をしっかり身につけてスムーズな重心移動ができれば、筋肉にかかる負担が少なくなって筋肉痛も軽減できます。つまり、山歩きの基本。無駄な力を使わず、重心の軸を移動しながら歩きます。

①「ぐらぐら踏み台上り」は重心移動の練習。不安定な台にゆっくり上ることで、左右の足への荷重配分や重心移動を意識できます。正しくできたときの動きや感覚を覚えておきましょう。②「ゆっくりトレッドミル」では動きながらバランスよく重心移動します。片足の状態が長く、勢いに頼れない超ゆっくりペースがポイント。体の軸を保てないと難しいはずです。バランスをとるときに使う下腹部の筋肉を鍛える③「テーブル腹筋」と⑤「膝下脱力deもも上げ」(P121) もやってみましょう。(スマートコーチング／安藤隼人さん)

山の歩き方トレーニング

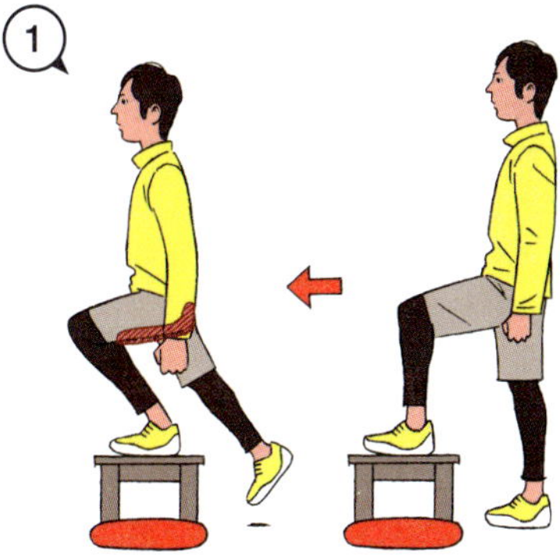

①ぐらぐら踏み台上り

座布団、クッションなどを敷いて、踏み台を乗せる。荷重で倒れるほど不安定にしないように注意。1 片方の足を上げる。この状態では後ろ足に重心がある 2 上げた足に重心を移すと、自然に後ろ足が上がる。腰をやや前傾させ、前足の真上に立ち上がる。お尻とももの裏側の筋肉を使うことを意識しよう。

②ゆっくりトレッドミル

トレッドミルを使い、時速2㎞以下で歩く。サイドのバーは握らず、視線は前方へ。重心がとれていないと横にふらふらしたり、踏み出した足をドスンとついたり。下り傾斜にできればなお可。10分から始めて、30分まで時間を延ばしていく。

③テーブル腹筋

バランスを取るときに働く下腹部の筋肉を鍛える。1 椅子に腰かけ、テーブルに体を寄せて座る 2 手でテーブルを下に押し、膝はテーブルを持ち上げるように力を込める。腰をそらさないよう、背筋はまっすぐ。上げ下げ10回を3セット行なう。このトレーニングで使われている筋肉を、歩行時も意識できるようになるといい。

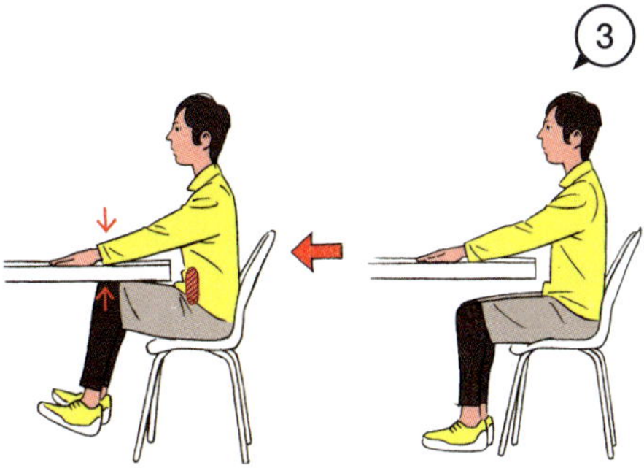

きちんと重心をとって歩く

登山道が不安定とはいえ、いつもグラグラしているし、急な階段なんか怖くて…という人は、重心に問題あり。重心のつかみが悪く、たとえば右足と左足の荷重配分を見ると、実際と感覚がずれている場合があります。これは、体の動きをコントロールできていないということ。足元が傾いていたり、踏み出す方向がまちまちだったりする登山道では重心がぶれやすく、変化に対応できないのです。

歩行は重心移動の基本。ゆっくり歩いてみると、重心がとれていない人はフラフラします。ゆっくりになるほどバランスがとりづらいのは、自転車でイメージしてみるとわかりやすいでしょう。②「ゆっくりトレッドミル」(P119)で試してみて、ふらつくようならスムーズに歩けるよう練習を。①「ぐらぐら踏み台上り」(P119)も重心を意識するのに有効です。状況に合わせて、どう荷重配分すれば体の軸が安定するのか。登山中も意識して歩くといいでしょう。

TIPS 96 一定のテンポで歩けるようになろう

ゼーゼー、ハーハーの解決法は、登りも下りも、急でも緩やかでも、同じテンポで呼吸を合わせて歩くことです。“それだけ？”と思うなかれ。意外と難しく、できない人が少なくないのです。

平坦から登りになっても、テンポはそのまま。歩幅を狭くして、体で感じる負荷を一定に保ちます。呼吸は自然に任せるのではなく、歩行に合わせて自発的に行なうよう意識しましょう。呼吸や心拍数の乱降下は疲れのもと。だから、呼吸をコントロールして振れ幅を最小限にします。1分60歩をベースに、急登では1分50歩くらいのペースで行動できるといいですね。⑥「メトロノーム散歩」でペースを身につけましょう。

心肺機能を上げるためにランニングを取り入れる人は多いですが、腰高になるランニングより、低重心で登山の歩き方に近いトレーニングのほうがいいです。それが④「山のつもりで坂道登り」。心肺機能が上がれば呼吸の振れ幅が小さくなり、基本のペースも徐々に上がります。(スマートコーチング／安藤隼人さん)

山の歩き方トレーニング

④山のつもりで坂道登り

坂道では自然に重心が低くなるので、登山に近い体の動かし方でトレーニングできる。できれば登山靴を履いて、フラットフッティングで歩きたい。スピードを上げる、回数を増やす、バックパックを重くするなどして、負荷を調整するといい。

⑤膝下脱力deもも上げ

膝を上げるときに使う腸腰筋は下腹部にあって、バランスや重心を取るためにも重要。　1 壁に向かって立ち、手を軽く添える　2 つま先を下げ、膝下を脱力させて、腰の高さまでももを上げる。つま先が上がって膝下に力が入っていると腸腰筋ではなく、ももと外側の筋肉が使われてしまう。左右交互に10回×５セット。

⑥メトロノーム散歩

メトロノームを１分当たり50〜60拍に設定し、呼吸と合わせて一定のテンポで歩く。呼吸をしっかり意識して、“吸う・吐く”“吸う・吸う・吐く・吐く”はラクなほうでOK。スマートフォンのメトロノームアプリや時報を利用するといい。

トレーニングに効く食事

「運動」「栄養」「休息」が体をつくる

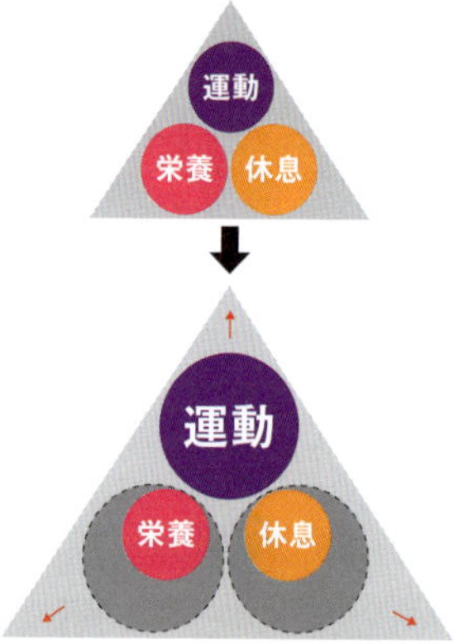

3要素の外側の三角形が体。要素の一つ一つを大きくしていくことで、体は強く大きくなる

人間の体は「運動」「栄養」「休息」という大きな3つの要素がバランスを保つことでできています。それゆえ、この要素のうちの一つでも欠けてしまうと、よい体をつくることはもとより、健康な体を維持することすらできなくなってしまいます。

強い体をつくる方法を知るには、一度3つのバランスを崩すことを考えると理解しやすいでしょう。いつもより多く運動すると、3つのうち運動の比重が大きくなり、バランスが崩れます。そこで、増えた運動に見合うよう、食事と休息を意識的に増やすことによって再び3要素のバランスが保たれます。つまりトレーニングとは、3要素の不均衡とその修正の繰り返しなのです。

「PFC」のバランスがとれた食事を

前述の3要素の一つ「栄養」も、3つの栄養素のバランスが重要です。その3つとは、タンパク質(P)、脂質(F)、そして炭水化物(C)。このバランスは国や人種によって最適値が異なり、ごく一般的な日本人では、タンパク質が15%、脂質は25%、炭水化物は60%近辺といわれています。トレーニングをすれば、回復のために体が多くの栄養素を求めます。3要素をバランスよくとることが、筋力アップには不可欠。減量やトレーニングのあまり、栄養のバランスを崩すことは避けましょう。

「補助食品」サプリメント

サプリメントは、あくまでも食事で足りない栄養を補充する「補助食品」。効果を充分に発揮させるには、日々の食事をしっかりとることが大前提です。また、多少とりすぎても体に害を与えることはほとんどないのが最大の利点。薬のように時間や量が厳密に決められてはいないので、体と対話しつつ、自由に好きなだけ、というのが正しいとり方です。

TIPS 97 「高タンパク低脂質」で筋力を「高炭水化物」で持久力をUPする

筋力UP！

筋肉をつくるタンパク質が豊富に含まれたものを食べるのが大切です。マグロの赤身や牛のフィレ肉、鶏肉のささみや胸肉、ノンオイルのツナ、低脂肪のコンビーフなどがありますが、おすすめは豚肉。タンパク質はもとより、タンパク質を筋肉に変えるビタミンB群も豊富なので、筋力アップには非常に有効です。ただし、脂質が多く含まれる脂身部分はカットしましょう。また、タンパク質を吸収する小腸の環境をよくするのには、野菜に含まれる食物繊維、ヨーグルトなどの乳製品に含まれる乳酸菌が有効です。

持久力UP！

炭水化物はスタミナの元。米、うどん、パスタ、パン、バナナなど、日々口にする機会が多いメニューに含まれています。登山前などスタミナをつけたいなら多めにとりましょう。胃もたれの原因にもなるので、ここでも脂質は抑え気味に。炭水化物はブドウ糖に分解され、エネルギー源になります。炭水化物の摂取が減ったときに備え、ブドウ糖の一部はグリコーゲンに形を変え、筋肉や肝臓に蓄えられてエネルギー源として消費されます。このグリコーゲンがエネルギーの主役であってスタミナの元ともいえるでしょう。

サプリメントでより効果的に

筋力UP!　タンパク質&アミノ酸

タンパク質を効率よく摂取するのに有効なのがプロテイン。糖質やタンパク質などが配合され、栄養バランスに優れています。また、タンパク質は約20種のアミノ酸からなるので、アミノ酸をとると、吸収が早く効率的。

回復力UP!　ビタミン&ミネラル

必須栄養素のうち、PFC以外の有機化合物がビタミン、無機物がミネラルです。これが不足すると、体内の化学反応が鈍って体調不良に。回復効果のあるこれらの多くは体内でつくれないので、サプリメントで補いましょう。

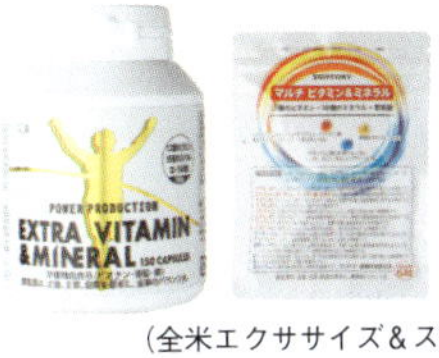

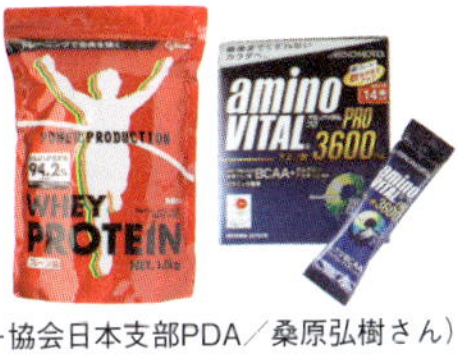

(全米エクササイズ&スポーツトレーナー協会日本支部PDA／桑原弘樹さん)

みんなのアイデア

トレーニングのコツ

日々のケアやトレーニングが大切なことはわかっていても、あまり時間がなかったり、なかなか続かなかったり……。そこで、トレーニングをうまくこなすアイデアを聞いてみました。

TIPS 98 いつでもどこでも片足立ちのススメ

私は最近、皿洗い、歯磨き、電車待ち、エレベーター内と、なんでも片足でこなしています。バランス・筋力維持がお手軽にできるわりに、地味に効果大。効かせるにはコツがあります。

・軸足の付け根を軸に、上げ足側の腰骨だけわずかに上げる感じにする。上げ足の付け根からつま先まではリラックスさせ、肩は水平、背中から首は鉛直に。傍目には気づかないくらいわずかに、できるだけ長時間上げる。

・右肩甲骨をうしろに引くと右腰が前にひねり出て、背筋・左尻を使った省エネな歩き方が練習できる。

・息を細長く吐きながら、へそから下腹を絞る（雑巾を縦に立てて絞る）イメージを持つと、ロングブレス効果あり。

このように片足立ちをすると、軸足の股の付け根の筋肉（腸腰筋）と、上げ足の脇腹（腹斜筋）に効いてくびれ・腹筋割れ効果抜群。「山で大事な筋肉は？」と問われれば、私は迷わず「臍下の腹筋」と答えます。長時間歩くことは片足立ちの繰り返しです。重荷で傾斜に耐えるのは、重荷に抗して背骨を斜めに支える筋力次第。片足立ちはバランスと下腹部のインナーマッスルを手軽に鍛えられるので、おすすめです。（銀座山の会／長野弘志さん）

片足立ちは、いつでも簡単にできる。片足で立っているようには見えないくらい、わずかに腰骨を上げるのがポイント。肩は水平、背から首は垂直になるよう心がけよう。

TIPS 99 平らな道より実戦に近い坂道で

日常のトレーニングでは、平らな道を１万歩歩くより、坂道や階段を登り下りすることをおすすめします。私は車で近所の坂のある場所へ行き、そこで毎日のようにトレーニングしています。坂道の登り下りを30分、階段歩行を15分程度行なうとよいでしょう。実際の山登りに近い環境で負荷をかけるトレーニングは心臓や脚の筋力強化に効果的です。私が講師を務める登山教室でも、このトレーニング方法をみなさんにおすすめしています。（日本体育協会公認山岳上級指導員・広島修岳会名誉会長／瀬尾幸雄さん）

日ごろのトレーニングは近所の自然公園や里山などで

TIPS 100 なかなか続かない筋トレは場所と時間を決めて習慣に

年齢とともに膝が弱くなって、下りが苦手になるもの。予防には日ごろから膝関節の筋肉を鍛えておくことが大切です。でも筋トレは、なかなか続けられないのが悩み。そこで私はお風呂に入る前に脱衣場でパンツ一枚になったら、膝の屈伸運動を10～15回行なっています。このとき、手に鉄アレイなどを持つと肩や腕の筋肉、胸の筋肉なども同時に鍛えられます。誰も見ていない脱衣場なので気兼ねなく行なえ、今では完全に習慣となっています。（『新・分県登山ガイド13神奈川県の山』著者／原田征史さん）

気兼ねなくできる場所や時間を自分なりに

TIPS協力者一覧（掲載順）

ワンダーフォーゲル編集部
ノンフィクションライター／平塚晶人さん
ライター／高橋庄太郎さん
気象予報士・防災士／岩谷忠幸さん
山岳ガイド／廣田勇介さん
ライター／須藤ナオミさん
アクシーズクイン／新井知哉さん
山岳ガイド／加藤直之さん
登山ガイド／菅野由起子さん
ハイカーズデポ店主／土屋智哉さん
ハイカーズデポスタッフ／長谷川 晋さん
登山ガイド・管理栄養士／芳須 勲さん
写真家／野川かさねさん
山歩きライター／打田鍈一さん
植物・自然写真家／高橋 修さん
編集者／タキザーさん
ライター／安武 大さん
ライター／片山貴晴さん
ライター／森山伸也さん
ライター・カメラマン・渓流ガイド／高桑信一さん
ライター・登山ガイド／柏 澄子さん

国際自然環境アウトドア専門学校講師／松井 茂さん
八ヶ岳青年小屋／竹内敬一さん
ライター／羽根田 治さん
青梅警察署山岳救助隊元副隊長／金 邦夫さん
写真家／星野秀樹さん
山岳写真家／中村成勝さん
ライター／佐藤慶典さん
カメラマン／亀田正人さん
マムートPR／西川由美子さん
ワイルドワンふじみ野店店長／田辺 剛さん
国際山岳ガイド／角谷道弘さん
写真家／渡辺幸雄さん
スマートコーチング／安藤隼人さん
全米エクササイズ＆スポーツトレーナー協会日本支部PDA／桑原弘樹さん
銀座山の会／長野弘志さん
日本体育協会公認山岳上級指導員・広島修岳会名誉会長／瀬尾幸雄さん
『新・分県登山ガイド13神奈川県の山』著者／原田征史さん

コラム協力
ライター／羽根田 治さん
カモシカスポーツ／笹原芳樹さん

執筆／池田菜津美・伊藤俊明・遠藤裕美・大関直樹・片山貴晴・川原真由美・古手川博文・小林千穂・佐藤慶典・谷山宏典・中山夏美・西野淑子・挾間みゆき・羽根田治・松崎展久・宮川 哲・森山伸也・安武 大

監修／有馬美奈・北島英明・木元康晴・近藤謙司・土屋智哉・林智加子・村上文俊・芳須 勲

写真／逢坂 聡・岡野朋之・柏 澄子・加戸昭太郎・亀田正人・柄沢啓太・川名 匡・小山幸彦・佐藤慶典・篠田麦也・菅原孝司・瀬尾幸雄・鈴木千佳・中島真一・中西俊明・中村英史・永易量行・長谷川 晋・羽田貴之・原田征史・平野真弓・深瀬信夫・松井 茂・安武 大・矢島慎一・渡邉由香

イラストレーション／
北村ケンジ・小坂タイチ・山口正児・村林タカノブ

編集／須藤ナオミ・小林由理亞

ブックデザイン・DTP／小柳英隆（雷伝舎）

校正／後藤厚子

山登りABC

単独行のTIPS100

2014年3月30日　初版第1刷発行

発行人　川崎深雪
編　者　山と溪谷社ワンダーフォーゲル編集部
発行所　株式会社山と溪谷社
〒102-0075　東京都千代田区三番町20番地
http://www.yamakei.co.jp/

■商品に関するお問合せ先
山と溪谷社カスタマーセンター　TEL03-5275-9064
■書店・取次様からのお問合せ先
山と溪谷社受注センター　TEL03-5213-6276　FAX03-5213-6095

印刷・製本　大日本印刷株式会社

Printed in Japan
ISBN978-4-635-04339-7

・本書の一部は雑誌『ワンダーフォーゲル』『山と溪谷』（小社刊）の過去の記事を再構成、加筆、再編集したものです。